Manuela Georgiakaki
Christiane Seuthe
Anja Schümann

A1.2

Beste Freunde

DEUTSCH FÜR JUGENDLICHE

Deutsch als Fremdsprache
Arbeitsbuch

Hueber Verlag

Audio-CD zum Arbeitsbuch:
Audio-Produktion: Tonstudio Langer, Ismaning
Sprecher: Lena Amon, Jael Kahlenberg, Anna Pichler,
Johanna Sandhaeger, Leopold Binder, Jonas Haerty, Noa Soffner,
Dascha Poisel, Jakob Riedl

Beratung:
PD Dr. habil. Marion Grein, Johannes Gutenberg-Universität Mainz

Der Verlag weist ausdrücklich darauf hin, dass im Text
enthaltene externe Links vom Verlag nur bis zum Zeitpunkt
der Buchveröffentlichung eingesehen werden konnten.
Auf spätere Veränderungen hat der Verlag keinerlei Einfluss.
Eine Haftung des Verlags ist daher ausgeschlossen.

Das Werk und seine Teile sind urheberrechtlich geschützt.
Jede Verwertung in anderen als den gesetzlich zugelassenen Fällen
bedarf deshalb der vorherigen schriftlichen Einwilligung des Verlags.

Eingetragene Warenzeichen oder Marken sind Eigentum des
jeweiligen Zeichen- bzw. Markeninhabers, auch dann, wenn diese
nicht gekennzeichnet sind. Es ist jedoch zu beachten, dass weder
das Vorhandensein noch das Fehlen derartiger Kennzeichnungen die
Rechtslage hinsichtlich dieser gewerblichen Schutzrechte berührt.

4.	3.	2.		Die letzten Ziffern
2024	23 22 21	20		bezeichnen Zahl und Jahr des Druckes.

Alle Drucke dieser Auflage können, da unverändert,
nebeneinander benutzt werden.
1. Auflage
© 2019 Hueber Verlag GmbH & Co. KG, München, Deutschland
Umschlaggestaltung: Sieveking · Agentur für Kommunikation, München
Layout und Satz: Sieveking · Agentur für Kommunikation, München
Verlagsredaktion: Julia Guess, Beate Dorner, Silke Hilpert, Hueber Verlag, München
Druck und Bindung: Westermann Druck GmbH, Braunschweig
Printed in Germany
ISBN 978–3–19–601051–0

Wegweiser

1. In jeder Lektion

Übungen zu Wortschatz und Kommunikation

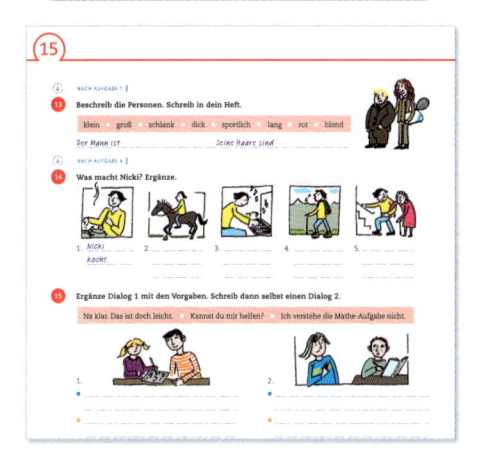

Grammatik selbst entdecken

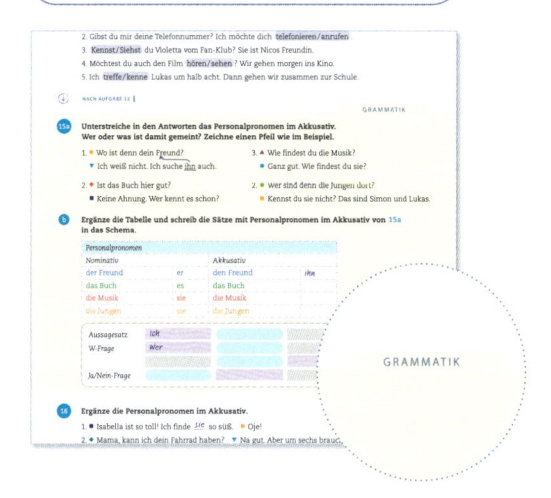

Texte schreiben lernen

Aussprache gezielt üben

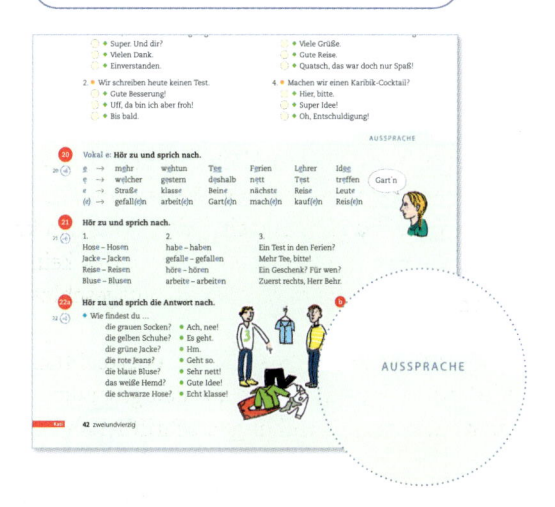

Lernwortschatz-Seite

Lernwort — Übersetzung — Beispielsatz

Hinweise zum Lernwortschatz

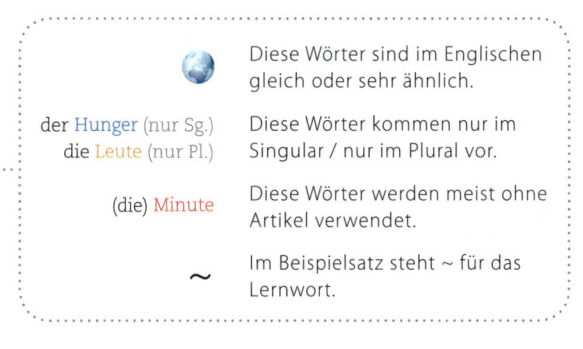

🌐 Diese Wörter sind im Englischen gleich oder sehr ähnlich.

der Hunger (nur Sg.) / die Leute (nur Pl.) — Diese Wörter kommen nur im Singular / nur im Plural vor.

(die) Minute — Diese Wörter werden meist ohne Artikel verwendet.

~ Im Beispielsatz steht ~ für das Lernwort.

drei 3

Wegweiser

2. Nach jedem Modul

Training: Lesen, Hören, Sprechen und Schreiben

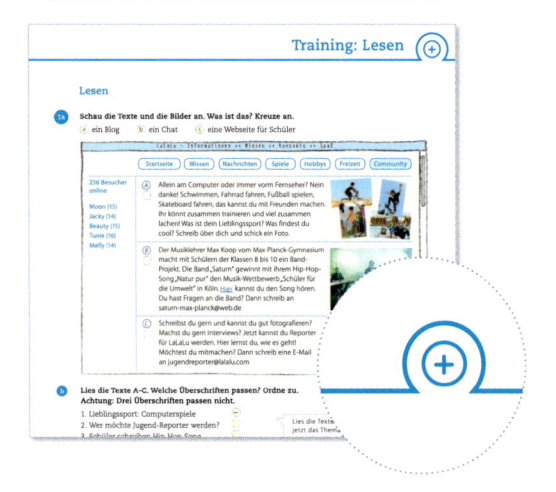

Lernfortschritte überprüfen

3. Im Anhang

Partnerübungen zum Kursbuch

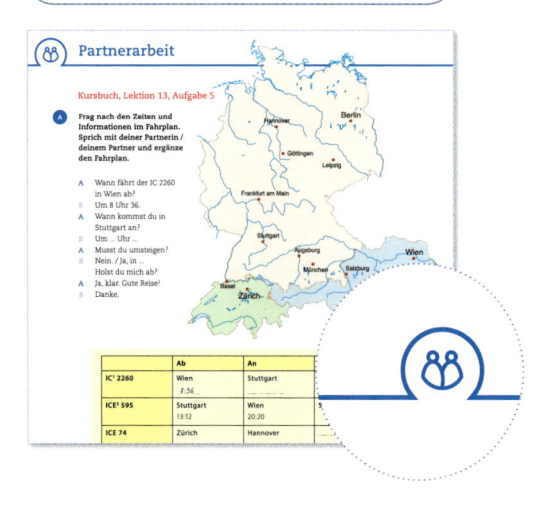

alle Hörtexte zur Aussprache und zum Fertigkeitentraining auf Audio-CD oder über die App abrufbar

Piktogramme und Symbole

↓ **NACH AUFGABE 3** Übung passend nach Aufgabe 3 im Kursbuch

+ Übungen für Kurse mit mehr Wochenstunden

Schreibübungen für das persönliche Dossier der Lernenden

2 🔊 Übungen mit Hörtext – auf Audio-CD oder über die App abrufbar

Lerntipps — Stell dir zu jedem neuen Wort ein Bild vor.

Hinweise zum Sprachvergleich — Wie heißt das in deiner Sprache? Übersetze.
● Kennst du Nico?
▲ Ja, ich habe ihn gestern kennengelernt.

Inhalt

Lektion 10: Nico sammelt Schiffe. — 6
- Schreibtraining: eine E-Mail schreiben — 8
- Aussprache: p – b, t – d, k – g 11 • Lernwortschatz 12

Lektion 11: Mein Fuß tut weh! — 13
- Schreibtraining: Sätze mit *deshalb* verbinden — 18
- Aussprache: s-Laute 18 • Lernwortschatz 19

Lektion 12: Treffpunkt: Spiegelstraße 12 — 20
- Schreibtraining: Pronomen — 24
- Aussprache: Wortakzent bei zusammengesetzten Nomen 25 • Lernwortschatz 26

Training Lesen, Hören, Schreiben — 27
Das kannst du jetzt! — 29

Lektion 13: Kati kommt nächsten Freitag. — 30
- Aussprache: Konsonant *r* 35 • Lernwortschatz 36

Lektion 14: Das T-Shirt gefällt mir! — 37
- Schreibtraining: Position der Dativ-Ergänzungen — 39
- Aussprache: Vokal *e* 42 • Lernwortschatz 43

Lektion 15: Das Konzert hat Spaß gemacht! — 44
- Schreibtraining: eine Person beschreiben — 49
- Aussprache: Wortakzent bei Perfektformen 49 • Lernwortschatz 50

Training Lesen, Hören, Sprechen — 51
Das kannst du jetzt! — 53

Lektion 16: Vor dem Essen schauen wir das Fahrrad an. — 54
- Aussprache: n – ng – nk 59 • Lernwortschatz 60

Lektion 17: Schöne Ferien! — 61
- Aussprache: sch 66 • Lernwortschatz 67

Lektion 18: Lukas hat Geburtstag. — 68
- Schreibtraining: Adjektive mit *ziemlich*, *sehr* und *total* kombinieren — 69
- Schreibtraining: eine Einladung schreiben — 71
- Aussprache: st – sp 73 • Lernwortschatz 74

Training Lesen, Hören, Schreiben — 75
Das kannst du jetzt! — 77

Partnerarbeit — 78
Unregelmäßige Verben — 86
Aussprache-Tabelle — 88
Lösungen — 89

Nico sammelt Schiffe.

LEKTION 10

NACH AUFGABE 2

1 Was passt nicht? Streiche durch.
1. sammeln — Fan-Artikel — DVDs — ~~Mineralwasser~~
2. schreiben — einen Handy-Anhänger — einen Text — ein Buch
3. basteln — Ohrringe — Modellschiffe — CDs
4. mitmachen — manchmal — nein — heute

2 Ergänze die Wörter mit Artikel. Ergänze auch die Pluralformen.

~~CD~~ ✖ Ring ✖ Computerspiel ✖ DVD ✖ Ohrring ✖ Handy-Anhänger ✖ Poster ✖ Fan-Artikel ✖ Schiff

der	das	die CD

die CDs, _____

GRAMMATIK

3a Lies und unterstreiche alle Subjekte und Verben.

Was sammelst du?

1. Ohrringe. Viele bastle ich selbst.
2. Ich sammle Kulis. Schau mal, 3218 Kulis.
3. Und wir sammeln Comic-Hefte.
4. Ich sammle Asterix-Figuren. Ich habe schon 217.

b Ergänze die Tabelle.

	sammeln	basteln
ich		
du		bastelst
er/es/sie	sammelt	
wir		basteln
ihr	sammelt	
sie/Sie	sammeln	

4 Ergänze die Verben *sammeln* und *basteln* in der richtigen Form.

1. ● _Sammelst_ du Fan-Artikel von Werder Bremen?
   ▲ Nein, ich _____ Fan-Artikel von Bayern München.
2. ■ Was macht Nico da?
   ◆ Er _____ ein Schiff.
   ■ Interessant.
3. ◆ Anna und Mira _____ Manga-Comics. Sie haben schon 100.
   ● Toll.
4. ● Wir _____ unsere Ohrringe selbst.
   ■ Super, _____ ihr auch Ringe oder nur Ohrringe?

NACH AUFGABE 5

5 Was passt? Ergänze.

lesen × skypen × basteln × tanzen × ~~fernsehen~~ × Skateboard fahren × laufen × Freunde treffen

A fernsehen
B .... 
C .... 
D .... 
E .... 
F .... 
G .... 
H .... 

GRAMMATIK

6 Ergänze die Tabelle.

	lesen	fernsehen		treffen		fahren	laufen	
ich			e		e	fahre		a
du	(!)	(!)	↓	(!) triffst	↓	(!) fährst	(!) läufst	↓
er/es/sie	(!) liest	(!)	ie	(!)		(!)	(!)	
wir	lesen	sehen fern						
ihr								
sie/Sie							laufen	

7 Ergänze die Verben in der richtigen Form.

1. **lesen**
- Was _liest_ du denn da?
- Romeo and Juliet.
- Wie bitte?
- Romeo und Julia. Ich .... das Buch für die Schule. In Englisch .... wir Shakespeare.

2. **fernsehen**
- .... du viel .... ?
- Na ja, am Nachmittag .... ich zwei oder drei Stunden ....

3. **fahren**
- Wohin .... ihr im Sommer?
- Nach Bayern. Wohin .... du?
- Ich .... nach Berlin.

4. **laufen**
- Hey, Max .... 100 Meter in zwölf Sekunden.
- Wirklich? Und du?
- Ich .... 100 Meter in 13,4 Sekunden.

8 Lies das Elflein. Schreib dann auch ein Gedicht mit elf Wörtern zu einem Wochentag.

Sonntag (1 Wort)
Du liest. (2 Wörter)
Du siehst fern. (3 Wörter)
Du triffst deine Freunde. (4 Wörter)
Super! (1 Wort)

GRAMMATIK

9 Schau die Bilder an und lies. Schreib dann die Verbformen in die Tabelle.

Du tanz**t** ja toll! Wie heiß**t** du?

	heißen	tanzen
ich	heiße	
du	(!)	(!)
er/es/sie		
wir		
ihr		
sie/Sie		

10 Was passt? Kreuze an.

	ich	du	er/es/sie	wir	ihr	sie/Sie
heißen				x		x
fahrt						
tanzt						
fährt						
treffe						
heißt						
liest						

NACH AUFGABE 6

SCHREIBTRAINING

11a Ordne die Sätze.

b Schreib die E-Mail in dein Heft.

c Markiere die Teile, die es in jeder E-Mail geben muss.

Von: simonmiller1@mail.de   An: computerklub@pasing.de
Betreff: Mitglied im Computerklub

..... und natürlich spiele ich am Computer.
..... Simon
..... Nun meine Frage:
..... Hallo,
_3_ Mein Hobby ist der Computer.
..... ich heiße Simon und wohne in München-Pasing.
..... Kann ich in der Computergruppe mitmachen? Gibt es Treffen? Wann und wo?
..... Viele Grüße und bis bald!
..... Ich programmiere gern und mache viel mit Photoshop

NACH AUFGABE 8

12 Was ist richtig? Unterstreiche.

1. ein Modell   <u>zeichnen</u> — skypen
2. eine E-Mail   skypen — schreiben
3. eine Skizze   basteln — machen
4. per Post   schreiben — schicken
5. ein Schiff   fotografieren — fragen
6. per E-Mail   skypen — schicken

NACH AUFGABE 9

GRAMMATIK

13a Unterstreiche alle Subjekte und Verben wie im Beispiel.

Fotografier doch deine „Titanic".

Schick das Foto an das Magazin!

Mach eine Skizze!

Du fotografierst dein Schiff.
Du schickst das Foto.
Oder du machst eine Skizze.

b Ergänze die Regel.

| Imperativ | ~~du~~ schreib~~st~~ → schreib! |

Schreib das Verb in der du-Form. Streich .... und die Endung ....

(!) essen → iss!
lesen → lies!
laufen → lauf! (*auch:* fahren, schlafen)
sammeln → sammle! (*auch:* basteln)
sein → sei!

14 Bilde den Imperativ wie im Beispiel.

1. ~~du~~ triff~~st~~ → *triff!*
2. du fragst →
3. du zeichnest →
4. du kaufst ein →
5. du machst mit →
6. du duschst →
7. du siehst fern →
8. du findest →
9. du schläfst →
10. du bastelst →
11. du liest →
12. du fährst →
13. du bist →
14. du kaufst →

15 Was sagt Nickis Trainer? Ergänze die Verben im Imperativ.

trinken × laufen × essen × schwimmen

Wenn du etwas freundlich sagen möchtest, dann verwende die Wörter *bitte*, *doch* und *doch mal*.

.............., Nicki!

.... 500 Meter!

.... doch nicht so viel, Nicki!

.... jetzt bitte kein Wasser!

A B C D

GRAMMATIK

16a Lies die Sätze und unterstreiche die Verbteile. Ergänze dann die Infinitive.

1. <u>Schreib</u> Laura eine E-Mail.   *schreiben*
2. Sei um halb acht hier!   _____
3. Räum bitte jetzt auf!   _____

b Schreib die Sätze aus 16a in das Schema.

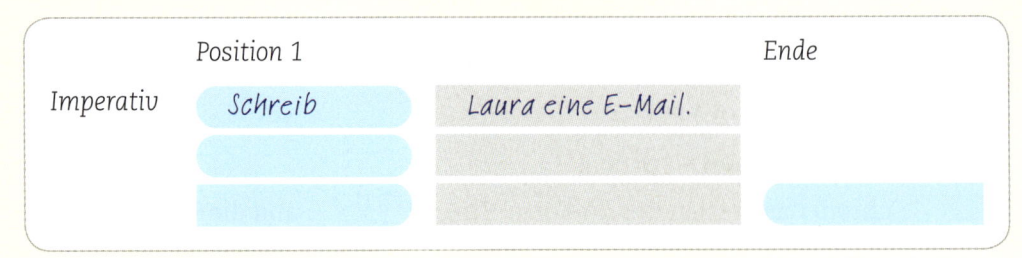

	Position 1		Ende
Imperativ	Schreib	Laura eine E-Mail.	

c Ergänze die Regel.

> Imperativ — Bei trennbaren Verben steht Verbteil 1 *(räumen)* auf Position _____.
> Verbteil 2 *(auf)* steht immer am _____.

NACH AUFGABE 12

17a Ordne zu und schreib in den Artikelfarben.

<u>Park</u> × Kino × Café × Bibliothek × Schwimmbad × Sporthalle × Kaufhaus × Fan-Klub

Park   _____   _____   _____

_____   _____   _____   _____

b Lies den Text. Wohin geht Nico heute? Unterstreiche die Orte wie im Beispiel und verbinde sie in 17a.

Nico: „Heute Nachmittag gehe ich <u>in die Sporthalle</u> und trainiere bis vier Uhr. Dann möchte ich ein Modellschiff kaufen. Deshalb gehe ich ins Kaufhaus. Um fünf gehe ich ins Café Allegro, dort treffe ich Laura und Simon. Wir möchten ins Kino gehen, aber heute gibt es einen Liebesfilm. ☹ Da gehen wir lieber in den Park und treffen dort Lukas. Er fährt da immer Skateboard."

c) Ergänze die Regel.

↯→☐ Wohin?
in + Akkusativ

in _____ Park
(!) _____ Kaufhaus
_____ Sporthalle

> Vorsicht: Bei *in das* schreibst und sagst du *ins*.

18 Wohin kann Nicki gehen? Gib Nicki Tipps.

1. Geh doch in _____
2. _____
3. _____
4. _____

AUSSPRACHE

19 p – b, t – d, k – g: Hör zu und sprich nach.

p →	Park	Problem	Pause	–	b →	basteln	Buch	Brot
t →	treffen	Tee	Tante	–	d →	dick	duschen	Durst
k →	Kaufhaus	kalt	Kuchen	–	g →	gehen	Gemüse	grün

20 Hör zu und sprich nach. Nimm dann ein Blatt Papier und sprich die Wörter noch einmal deutlich. Was passiert?

1. **P**arty – **b**asteln
2. **K**urs – **g**ut
3. **T**est – **d**eshalb
4. **P**izza – **b**is
5. **k**aufen – **g**rau
6. **P**latz – **b**lau
7. **T**ante – **d**ann
8. **k**alt – **g**anz
9. **K**ino – **G**itarre
10. **t**oll – **d**och

Party   basteln

21 Hör zu und sprich nach. Spielt dann die Dialoge zu zweit.

1. ▲ Brauchst du das blaue Bio-Buch?
   ● Ja, bitte bald!

2. ▼ Machen wir eine Party mit Pizza und Popcorn im Park?
   ● Kein Problem!

3. ◆ Du duschst am Dienstag? Dusch doch am Donnerstag!
   ■ Warum? Donnerstag ist doch doof!

4. ■ Tinas Tanten tanzen Tango? Echt?
   ● Ja! Und sie trainieren auch Tischtennis und trinken total viel Tee!

5. ◆ Isst du grünes Gemüse?
   ▲ Ja, gern! Das ist ganz gesund!

6. ▼ Das Kamel trinkt keinen Kakao, nur kalten Kaffee?
   ● Ja, klar!

10 Lernwortschatz

Das sind deine Wörter!

das Schiff, -e
sammeln (!) ich sammle)
basteln (!) ich bastle)
der Klub, -s
mit|machen
das Handy, -s

das Modell~
Ich ~ Modellschiffe.
Ich ~ gern Flugzeuge.
Kann ich im Modellschiff-~ mitmachen?
Du kannst beim Wettbewerb ~.
Hast du ein ~? Dann rufe ich dich an.

Sammelobjekte
der Fan-Artikel, -
der Ring, -e
die CD, -s
der Ohrring, -e

der Handy-Anhänger, -
das Poster, -
das Computerspiel, -e
das Spiel, -e

das Hobby, -s
tanzen
skypen
lesen (!) du liest, er/es/sie liest)
laufen (!) du läufst, er/es/sie läuft)

fahren (!) du fährst, er/es/sie fährt)
treffen (!) du triffst, er/es/sie trifft)
fern|sehen (!) du siehst fern, er/es/sie sieht fern)

Lern die Verben so auswendig: ich sehe fern, du siehst fern, er/es/sie sieht fern

gerade
noch mal
wiederholen
fragen
fotografieren
schicken
(die) Post (nur Sg.)
(die) E-Mail, -s
das Problem, -e
schnell
sagen
doch
immer
wohin

● Was liest du ~? ◆ Ich lese Harry Potter.
Kannst du das bitte ~ sagen?
Wie bitte? Kannst du das bitte ~?

~ doch dein Schiff.
~ uns das Foto.
Schick das Bild per ~.
Schick das Bild per ~.
Dein Modell ist nicht fertig? Kein ~!
Mach ~ eine Skizze!
~ Alina: Ich mag dich.
Schick ~ Alina eine E-Mail.
Am Dienstag habe ich ~ Sport.
● ~ möchtest du gehen? ■ Ins Kino.

Erinnerst du dich: Mit doch, mal, bitte klingt dein Satz freundlicher.

Orte in der Stadt
das Café, -s
der Park, -s
das Kino, -s

die Bibliothek, -en
das Schwimmbad, ⸚er
das Kaufhaus, ⸚er

in (wohin?)
gehen
oft

(das) Skateboard, -s

Wohin muss Nico im Winter ~?
● Gehst du ~ in die Sporthalle?
◆ Ja klar. Ich mache gern Sport.
Lukas möchte ~ fahren.

Nico   **12** zwölf

Mein Fuß tut weh!

11 LEKTION

NACH AUFGABE 2

1a Finde noch neun Körperteile.

C	H	I	Z	T	N	O	P	P	L	S	D	A	Z	S	T
F	E	H	A	L	S	B	R	A	K	O	P	F	T	O	P
A	V	C	H	O	N	E	R	O	M	L	A	U	R	I	O
F	G	I	N	N	A	R	Ü	L	A	M	T	ß	U	D	H
V	R	U	D	S	Z	W	C	O	R	P	H	T	D	E	R
M	U	B	E	I	N	N	K	O	M	E	H	A	N	D	A
B	A	U	C	H	U	M	E	D	W	O	L	L	R	E	N
I	K	R	A	U	P	I	N	T	S	E	L	D	A	M	E

b Ergänze in den Artikelfarben die Nomen im Singular und die Artikel.

1. *die Hand* — die Hände
2. _____ — die Arme
3. _____ — die Beine
4. _____ — die Füße
5. _____ — die Ohren
6. _____ — die Zähne

2a Schau die Bilder an und ergänze.

> ~~Ihre Ohren tun weh.~~ ✕ Sie hat Halsschmerzen. ✕
> Sein Rücken tut weh. ✕ Sie haben Zahnschmerzen. ✕

A — *Ihre Ohren tun weh.*

B — _____

C — _____

D — _____

b Lies und schreib Sätze.

1. Rita kann heute nicht singen. (Hals — wehtun)
   Ihr Hals tut weh.

2. Jan macht drei Stunden Breakdance. (Rückenschmerzen haben)
   Er _____

3. Ich kann nicht laufen. (Beine — wehtun)
   _____

4. Nico kann nicht Gitarre spielen. (Hand — wehtun)
   _____

5. Lina und Anne können nichts essen. (Bauchschmerzen haben)
   _____

6. Laura kann nicht mehr klettern. (Arme — wehtun)
   _____

11

NACH AUFGABE 3

3 Ordne den Dialog.

> Stefan. Er spielt super. ✱ Meine Hand? Ach, ein Unfall mit dem Fahrrad. ✱ Oh, wie blöd! Und wer macht jetzt die Tore? ✱ ~~Oh, deine Hand! Was ist los?~~ ✱ Ja, sehr. Und ich kann drei Wochen nicht Handball spielen! ✱ Oje, ein Unfall! Tut sie denn sehr weh?

- ● *Oh, deine Hand! Was ist los?*
- ◆ ....
- ● ....
- ◆ ....
- ● ....
- ◆ ....

NACH AUFGABE 5

GRAMMATIK

4a Schau die Bilder an und ergänze.

> ~~Wer bringt mir ein Eis mit?~~ ✱ Ich zeige dir mal meine Ohrringe. ✱ Kaufst du mir ein Computerspiel, Papa? ✱ Ich gebe dir meine Handynummer.

A — *Wer bringt mir ein Eis mit?*

B —

C —

D —

b Lies die Sätze in 4a noch einmal und unterstreiche die Personalpronomen im Dativ.

c Schreib die Sätze aus 4a in das Schema und ergänze die Tabelle.

Aussagesatz	Ich	gebe			
	Ich			mal meine Ohrringe.	
W-Frage	Wer				mit?
Ja/Nein-Frage		du			

Personalpronomen		
Nominativ	ich	du
Dativ		

14 vierzehn

5 Was ist richtig? Unterstreiche.

1. ♦ Ich habe Durst, gibst du mir/dir ein Glas Wasser? ■ Ja, gern.
2. ▼ Ich zeige mir/dir mal mein Computerspiel. Hast du Zeit? ♦ Ja, klar!
3. ● Ich gehe in den Supermarkt. Ich bringe mir/dir Saft mit. Magst du Ananassaft? ▲ Oh ja!
4. ■ Mama, kaufst du mir/dir ein Kicker-Magazin? ▼ Nein, jetzt nicht. Du musst noch Mathe üben.
5. ▲ Nico, zeig mir/dir doch mal dein Modellschiff! ● Ja, gern.
6. ♦ Könnt ihr mir/dir bitte mal die Schere geben? ■ Hier, bitte.

6 Ergänze das Personalpronomen im Dativ und das Verb in der richtigen Form.

1. Gehst du in die Bibliothek? _Bringst_ du _mir_ „Harry Potter 3" _mit_ ? (mitbringen)
2. Oh, das ist falsch. _____ doch bitte mal den Radiergummi! (geben)
3. Ich _____ mal meine Ringe. Hier, das ist mein Lieblingsring. (zeigen)
4. Oma, _____ du _____ Popcorn? (kaufen)
5. Ich gehe einkaufen. Ich _____ Orangensaft _____, ja? (mitbringen)

7 Schreib die Sätze richtig.

1. (du — deine Skizze — Kannst — mir — zeigen)
   Kannst _____ ?
2. (eine E-Mail — schreibe — dir — Ich)
   _____ .
3. (einen Kaugummi — mir — Wer — gibt)
   _____ ?
4. (mir — Bring — einen Stift — mit)
   _____ !
5. (schicke — ein Foto — dir — Ich)
   _____ .
6. (Kannst — mir — du — mitbringen — eine Tüte Chips)
   _____ ?

8 Welche Antwort passt? Kreuze an.

1. ● Spielen wir Monopoly?
   a) ♦ Oh, schade!   b) ♦ Ja, richtig.   c) ♦ Tut mir leid. Ich habe keine Zeit.
2. ♦ Opa, zeigst du mir mal die Fotos?
   a) ■ Ja, gleich.   b) ■ Cool.   c) ■ Oje! Tut es sehr weh?
3. ▲ Telefonieren wir mal? Ich gebe dir meine Handynummer.
   a) ♦ Doch.   b) ♦ Ja, gern.   c) ♦ Hallo.
4. ▼ Hast du Durst? Ich bringe dir ein Glas Wasser mit.
   a) ● Viele Grüße.   b) ● Nein, falsch.   c) ● Nein, danke.

11

NACH AUFGABE 7

GRAMMATIK

9a Lies die Dialoge und unterstreiche die Verbformen von *sein* und *haben* im Präteritum.

1. ▲ Was ist los? Hast du ein Problem?
   ● Nein, ich bin sauer. Gestern war doch das Hip-Hop-Konzert.
   ▲ Ach ja! Warst du dort?
   ● Nein, ich war zu Hause, Physik üben!
   ▲ Oh, wie blöd!

2. ■ Was ist los? Hattest du einen Unfall?
   ◆ Ja, ich hatte Pech beim Klettern.
   ■ Oje! Gute Besserung.

b Schreib die Verbformen von 9a in die Tabelle.

	sein		haben	
	Präsens	*Präteritum*	*Präsens*	*Präteritum*
ich	bin	(!)	habe	
du	bist		hast	
er/es/sie	ist	(!)	hat	(!) hatte
wir	sind	waren	haben	hatten
ihr	seid	wart	habt	hattet
sie/Sie	sind	waren	haben	hatten

10 Was ist richtig? Unterstreiche.

Datum: 29.06.

Gestern war/wart Samstag und am Samstag ist immer Theatergruppe. Aber gestern hatten/hatte ich keine Zeit. Ich war/waren mit Opa in Hamburg, wir war/waren im Schiffsmuseum. Warst/Wart ihr auch schon dort? Da ist auch ein Modell von der Santa Maria von Christoph Kolumbus. Opa sagt, das Original-Schiff wart/war sehr groß, aber es war/warst auch sehr langsam. Kolumbus hatten/hatte viele Probleme mit dem Schiff.

11 Ergänze die richtigen Formen von *sein* und *haben* im Präteritum.

1. ● Na, wie _war_ das Spiel?
   ◆ Schlecht. ☹ Ich _____ echt Pech.

2. ◆ Gehst du schon?
   ▲ Ja, ich muss los. Ich _____ heute noch nicht zu Hause.

3. ■ Ihr _____ gestern nicht beim Training. _____ ihr keine Zeit?
   ■ Doch, aber wir _____ keine Lust.

4. ▲ _____ ihr heute Sport?
   ◆ Nein, wir _____ Kunst.

5. ▼ _____ Tina und Leo auch in Köln?
   ◆ Nein, sie _____ keine Zeit.

6. ● Wo _____ du gestern? _____ du Training?
   ▼ Nein, ich _____ Theatergruppe.

7. ● Wie geht es Sarah?
   ◆ Nicht so gut. ☹ Sie _____ gestern einen Unfall.

8. ■ _____ ihr schon mal in Wien?
   ▼ Nein, in Wien _____ wir noch nicht.

↓ NACH AUFGABE 8

GRAMMATIK

12a Lies die Sätze. Schreib dann Satz 2 in das Schema und ergänze die Regel.

> 1. Nico liebt Fußball. Er möchte ein Kicker-Magazin.
> 2. Nico liebt Fußball, deshalb möchte er ein Kicker-Magazin.

	Position 1	Position 2		
Nico liebt Fußball,				

Deshalb steht auf Position _____, das Verb steht auf Position _____.

b Welche Sätze passen zusammen? Verbinde.

1. Nico bastelt Modellschiffe.   a) Er liebt das Meer.
2. Nico hatte einen Unfall.   b) Er sucht einen Klub.
3. Nico kommt aus Rostock.   c) Sein Fuß tut weh.

c Kombiniere die Satzpaare von 12b mit *deshalb*.

1. _____
2. _____
3. _____

SCHREIBTRAINING

13a Lies den Text und die Tipps.

Ich habe einen Freund in Deutschland. Er heißt Martin. Er wohnt in Berlin. Martin sagt, Berlin ist sehr interessant. Er möchte mir die Stadt mal zeigen. Wir können dort ins Technik-Museum gehen. Wir können auch mal in den Kletterpark gehen. Ich möchte Berlin wirklich gern sehen. Das Flugticket kostet 250 €. Ich kann leider nicht fahren. So ein Pech!

Du kannst Sätze mit *und* verbinden (Lektion 2).

Wenn es einen Kontrast gibt, kannst du die Sätze mit *aber* verbinden. Vor *aber* steht ein Komma (Lektion 3).

Wenn du betonen möchtest, warum etwas so ist, kannst du die Sätze auch mit *deshalb* verbinden. Vor *deshalb* steht auch ein Komma.

Nico liebt Fußball. Er möchte ein Kicker-Magazin.

Nico liebt Fußball, *deshalb* möchte er ein Kicker-Magazin.

b Verbinde die Sätze mit *und*, *aber* und *deshalb* und schreib den Text in dein Heft.

Ich habe einen Freund in Deutschland.
Er heißt Martin und …

AUSSPRACHE

14 s-Laute: Hör zu und sprich nach.

ss / ß	→	[s]	essen	Wasser	Fuß	süß	hei|ße
s	→	[s]	Hals	Tennis	Lust	Obst	des|halb
		[z]	Salat	sammeln	sieben	Mu|sik	Gemü|se

[s] ssss
[z] zzzz

15 [s] oder [z]? Hör zu, sprich nach und kreuze an.

	[s] [z]		[s] [z]		[s] [z]
1. ges|tern	○ ○	6. uns	○ ○	11. biss|chen	○ ○
2. Kurs	○ ○	7. sein	○ ○	12. sa|gen	○ ○
3. Suppe	○ ○	8. etwas	○ ○	13. Haus|frau	○ ○
4. Reis	○ ○	9. bis	○ ○	14. bas|teln	○ ○
5. Groß|vater	○ ○	10. Cou|sine	○ ○	15. singen	○ ○

16 Zungenbrecher: Hör zu und sprich nach.

Sieben superdicke Sumoringer essen supersüßes Obst.

Lernwortschatz 11

Das sind deine Wörter!

das Tor, -e — Nico macht ein ~.
der Unfall, ¨e — Nico hatte einen ~ beim Training.

der Körper, -

Stell dir zu jedem neuen Wort ein Bild vor.

1. der Kopf, ¨e
2. das Ohr, -en
3. der Zahn, ¨e
4. der Hals, ¨e
5. der Arm, -e

6. der Rücken, -
7. der Bauch, ¨e
8. die Hand, ¨e
9. das Bein, -e
10. der Fuß, ¨e

Oh, wie blöd! — ▼ Mein Hals tut weh! ■ ~
Oje!
gleich — ● Kommst du mal bitte? ◆ Ja, ~.
geben (!) du gibst, er/es/sie gibt) — ■ ~ du mir Geld? ● Hier, bitte.
mit|bringen — ~ bitte Schokolade ~.
mir
dir

ich → mir   Gibst du mir Geld?
du → dir   Ich bringe dir Schokolade mit.

das Kicker-Magazin, -e — Kaufst du mir bitte ein ~?
zeigen — Nico möchte Laura sein Schiff ~.
das Pech (nur Sg.) ☹

Lern die Wörter immer in Gegensatzpaaren: Pech ↔ Glück

das Glück (nur Sg.) ☺
Gute Besserung! — Dir geht es nicht gut? ~
gestern — Ich war ~ beim Training. Heute habe ich kein Training.
leider ☹ — Ich hatte ~ einen Unfall.
weh|tun — Der Fuß ~ immer noch ~.
der Schmerz, -en — Ich hatte solche ~.

Halsschmerzen (nur Pl.)
Bauchschmerzen (nur Pl.)
Kopfschmerzen (nur Pl.)
Ohrenschmerzen (nur Pl.)
Rückenschmerzen (nur Pl.)
Zahnschmerzen (nur Pl.)

los sein — Was ~ denn ~?
der Test, -s — ● Wie war der Deutsch-~? ◆ Er war gut.
die Fahrrad-Tour, -en — Die ~ war super!
der Kurs, -e — Ich mache gerade einen Surf~.
deshalb — Nico hatte einen Unfall beim Training, ~ tut sein Bein weh.

neunzehn 19 Nico

Treffpunkt: Spiegelstraße 12

12 LEKTION

Musik machen
....
....
....

wohnen
....
....
....

NACH AUFGABE 4

1 Passt das zu *Musik machen* oder zu *wohnen*? Ergänze mit Artikel.

Band × Straße × Platz × Schlagzeug × Gitarre

2 Wo wohnen Paul, Tom und Jule? Ergänze.

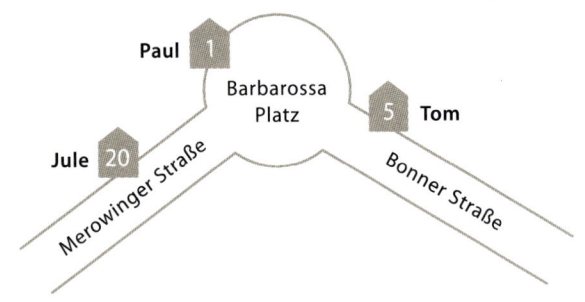

Paul 1 — Barbarossa Platz — 5 Tom — Bonner Straße
Jule 20 — Merowinger Straße

1. Paul wohnt ....
2. Tom ....
3. Jule ....

NACH AUFGABE 5

3 Ergänze die Überschriften.

....	....	**Volleyball-Mannschaft**	E-Mail-Adresse
Paul Wagner	Barbarossaplatz 1	83 78 097	p.wagner@t-online.de
Tom Seifert	Bonner Straße 5	83 79 564	Tos34@web.de

4 Was fragt Romeo? Ergänze den Dialog.

Wo wohnst du? × Gibst du mir deine Handynummer? × Wie heißt du?

▼ ....
◆ Julia. Und du?
▼ Romeo. ....
◆ In Verona. In der Via Cappello 23.
▼ ....
◆ Wie bitte? Was ist ein Handy?

NACH AUFGABE 6

5 Ergänze.

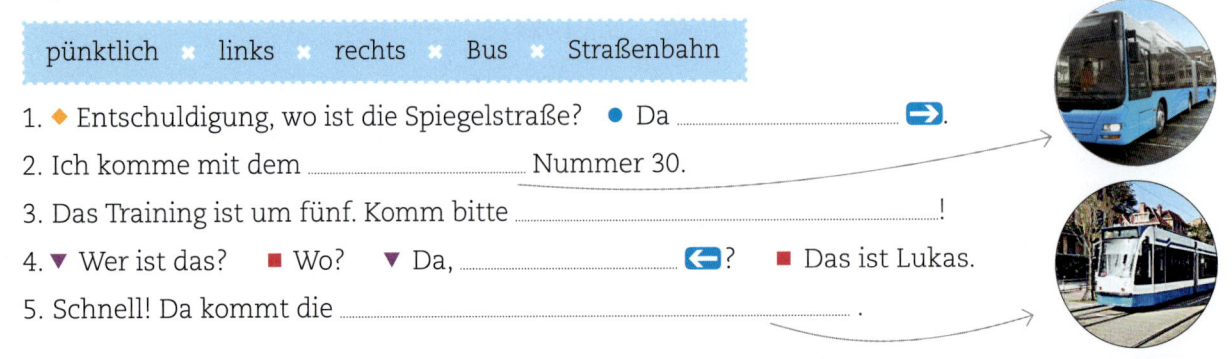

pünktlich × links × rechts × Bus × Straßenbahn

1. ◆ Entschuldigung, wo ist die Spiegelstraße? ● Da .... ➡.
2. Ich komme mit dem .... Nummer 30.
3. Das Training ist um fünf. Komm bitte ....!
4. ▼ Wer ist das? ■ Wo? ▼ Da, ... ⬅? ■ Das ist Lukas.
5. Schnell! Da kommt die ....

Nico 20 zwanzig

12

NACH AUFGABE 8

6 Ordne die Wörter.

meistens × oft × ~~immer~~ × manchmal

immer _____ _____ _____

7 Wie oft machst du das? Schreib deine Antwort.

1. Am Wochenende treffe ich _____ meine Freunde.
2. Deutsch lerne ich _____ am Nachmittag.
3. Ich komme _____ pünktlich zur Schule.
4. Ich esse _____ Popcorn oder Chips im Kino.

8 Finde noch acht Verkehrsmittel und schreib sie mit Artikel in dein Heft.

PVLW(FLUGZEUG)MNKLU-BAHNSTBBUSXLZTAUTOWBNMSCHIFFTG
ZUGRRBISTRAßENBAHNVKLURAUMSCHIFFDFTIFAHRRADRW

GRAMMATIK

9a Wer benutzt welches Verkehrsmittel? Ordne zu.

1. Lauras Mutter fährt immer mit der U-Bahn.
2. Laura fährt mit der Straßenbahn.
3. Lauras Vater fährt mit dem Auto.
4. Lauras Cousine Kati fährt mit dem Zug.
5. Lauras Freund Simon fährt mit dem Fahrrad.

b Unterstreiche in 9a die Verkehrsmittel. Ergänze dann die Tabelle.

Nominativ	Dativ
der Zug	Ich fahre _____
das Fahrrad	Ich fahre _____
die U-Bahn	Ich fahre mit der U-Bahn.

c Ergänze die Regel.

Präposition mit

Die Präposition *mit* steht immer mit _____.

10 Wie fährt/geht/fliegt Nicki heute? Ergänze.

1. _Nicki fliegt mit_ _____
2. _____
3. _____
4. _____

einundzwanzig **21** **Nico**

12

NACH AUFGABE 10

MARKT × STEL × BAHN × HAL × BUS-
TE × LE × SCHU × HOF × LE × PER × SU

11 Ergänze die Wörter mit Artikel.

1.  _____   2.  _____   3.  _____   4. _____

GRAMMATIK

12a Lies die Dialoge und unterstreiche die Satzteile mit *zu*.

1. ◆ Wie kommst du <u>zur Bus-Haltestelle</u>?   ● Mit dem Fahrrad.
2. ■ Wie kommst du <u>zum Marienplatz</u>?   ◆ Mit dem Bus.
3. ● Wie kommst du <u>zum Training</u>?   ▼ Mit der Straßenbahn.

b Ergänze die Regel.

Wohin?
zu + Dativ

_____ (= zu dem) Marienplatz
_____ (= zu dem) Training
_____ (= zu der) Bus-Haltestelle

Wie heißt das in deiner Sprache?
Ich gehe zur Bus-Haltestelle.
Ich gehe zum Training.

13 Wohin gehen/fahren die Personen?

Bus-Haltestelle × Supermarkt × <u>Bahnhof</u> × Schule × Straßenbahn × Training

1. *Sie fahren zum Bahnhof.*
2. _____ 
3. _____ 
4. *Sie* _____ 
5. _____ 
6. _____

NACH AUFGABE 11

14 Was ist richtig? Unterstreiche.

1. Wir warten/sehen hier schon zwei Stunden. Wo warst du denn?
2. Gibst du mir deine Telefonnummer? Ich möchte dich telefonieren/anrufen.
3. Kennst/Siehst du Violetta vom Fan-Klub? Sie ist Nicos Freundin.
4. Möchtest du auch den Film hören/sehen? Wir gehen morgen ins Kino.
5. Ich treffe/kenne Lukas um halb acht. Dann gehen wir zusammen zur Schule.

NACH AUFGABE 12

GRAMMATIK

15a Unterstreiche in den Antworten das Personalpronomen im Akkusativ. Wer oder was ist damit gemeint? Zeichne einen Pfeil wie im Beispiel.

1. ● Wo ist denn dein Freund?
   ▼ Ich weiß nicht. Ich suche ihn auch.

2. ◆ Ist das Buch hier gut?
   ■ Keine Ahnung. Wer kennt es schon?

3. ▲ Wie findest du die Musik?
   ● Ganz gut. Wie findest du sie?

4. ● Wer sind denn die Jungen dort?
   ■ Kennst du sie nicht? Das sind Simon und Lukas.

b Ergänze die Tabelle und schreib die Sätze mit Personalpronomen im Akkusativ von 15a in das Schema.

Personalpronomen			
Nominativ		Akkusativ	
der Freund	er	den Freund	ihn
das Buch	es	das Buch	
die Musik	sie	die Musik	
die Jungen	sie	die Jungen	

Aussagesatz	Ich			
W-Frage	Wer			
Ja/Nein-Frage				

16 Ergänze die Personalpronomen im Akkusativ.

1. ■ Isabella ist so toll! Ich finde _sie_ so süß. ● Oje!
2. ◆ Mama, kann ich dein Fahrrad haben? ▼ Na gut. Aber um sechs brauche ich _____.
3. ▲ Lisa, hast du mein Handy? ▲ Nein, tut mir leid. Ich habe _____ nicht.
4. ● Triffst du heute Abend deinen Bruder? ▲ Nein, ich treffe _____ nicht. Er geht ins Kino.
5. ▼ Da sind die Fußballspieler von Borussia Dortmund. ■ Oh. Komm, wir fotografieren _____ schnell.
6. ◆ Ruf doch mal Onkel Rudolf an! ● Ich kann _____ jetzt nicht anrufen. Ich habe keine Zeit.

17 Schreib die Antworten richtig.

1. ▼ Wo ist mein T-Shirt? ■ (nicht — ich — es — habe — Keine Ahnung)
   _____, _____.

2. ● Wer sind denn Felix und Emma? ◆ (sie — du — nicht — Kennst)
   _____?

3. ◆ Sag mal, wie findest du Herrn Weber? ▼ (Paul — aber — nicht — ihn — mag — Toll)
   _____, aber _____.

4. ▲ Lena, kannst du mir mal deine Gitarre geben? ● (nicht — brauche — ich — Klar — sie)
   _____, _____.

SCHREIBTRAINING

18a Lies die Texte und den Tipp.

Registriert seit: 29.06.

Mein Star ist Adele. Kennst du Adele? Adele ist Sängerin und kommt aus England. Ich finde Adele super. Adele singt so schön. Einmal möchte ich Adele im Konzert sehen. Vielleicht kommt Adele ja mal nach Österreich.

Registriert seit: 01.01.

Mein Star ist Lionel Messi. Kennst du Messi? Messi ist Fußballspieler und kommt aus Argentinien. Aber Messi wohnt in Barcelona. Messi spielt auch beim FC Barcelona. Ich finde Messi toll. Einmal möchte ich Messi treffen. Vielleicht gibt Messi mir dann ein Autogramm.

> Du weißt schon: Viele Wiederholungen sind nicht elegant. Du kannst Namen durch Personalpronomen ersetzen. Achte auf Nominativ, Dativ und Akkusativ.
>
> Mein Star ist Lionel Messi. Kennst du Messi? Messi ist Fußballspieler …
> Mein Star ist Lionel Messi. Kennst du ihn? Er ist Fußballspieler …

b Schreib nun einen der beiden Texte besser und verwende Personalpronomen.

c Schreib einen Text über „deinen" Star.

NACH AUFGABE 14

GRAMMATIK

19a Was passt? Unterstreiche die Personalpronomen im Akkusativ und ergänze.

Ihr seid doch Tom und Nico! Ich kenne euch. ✶ Du kennst mich? ✶ Du bist Nico? Ich kenne dich. ✶ Was? Du kennst uns?

1. ____
2. ____
3. ____
4. ____

b Ergänze die Tabelle.

Personalpronomen								
Nominativ	ich	du	er	es	sie	wir	ihr	sie/Sie
Akkusativ			ihn	es	sie		euch	sie/Sie

20 Ergänze die Personalpronomen im Akkusativ.

◆ Boris, rufst du _mich_ heute Nachmittag an?
● Ja, ich rufe _____ an.
◆ Boris, findest du _____ nett? ● Ja, ich finde _____ nett.
◆ Boris, magst du _____? ● Ja, aber du nervst _____, Tina.

■ Papa, bringst du _____ zum Training?
▼ Ja, ich bringe _____ um fünf zum Training.
■ Papa, fotografierst du _____?
▼ Ja, ich fotografiere _____.

AUSSPRACHE

21 Wortakzent bei zusammengesetzten Nomen: Hör zu, klopf mit und sprich nach.

1. Brötchen ●• – Fischbrötchen ●••
2. Nummer ●• – Handynummer ●•••
3. Bahn ● – Straßenbahn ●••
4. Haltestelle ●••• – Bus-Haltestelle ●••••
5. Platz ● – Sportplatz ●•
6. Straße ●• – Spiegelstraße ●•••
7. Geld ● – Taschengeld ●••
8. Farbe ●• – Lieblingsfarbe ●•••
9. Training ●• – Fußballtraining ●•••
10. Schmerzen ●• – Bauchschmerzen ●••

12 Lernwortschatz

Das sind deine Wörter!

🌐 die Band, -s		Nico sucht eine ~.
✂ an|rufen		Nico ~ Hanna ~.
die Handynummer, -n		Gibst du mir deine ~?
die Telefonnummer, -n		Ich brauche auch deine ~.
🌐 die Adresse, -n		Wo wohnst du? Wie ist deine ~?
kennen		Nico ~ die Spiegelstraße nicht.

Die Verkehrsmittel

🌐 der Bus, -se  — die Straßenbahn, -en  — der Zug, ¨e  — das Auto, -s   — die U-Bahn, -en

zu Fuß		
(die) Nummer, -n		Nico fährt mit dem Bus ~ 57.
oder		Du fährst mit dem Bus ~ mit der Straßenbahn.
der Platz, ¨e		Nico fährt zum Marien~.
die Straße, -n		Ich wohne in der Severin~.
warten		Ich ~ auf dich.
dort		↔ hier
pünktlich		Komm bitte ~ um sechs.
➡ rechts		
⬅ links		
meistens		manchmal → oft → meistens → immer

Orte in der Stadt

die Schule, -n  — die Bus-Haltestelle, -n  — der Supermarkt, ¨e  — der Bahnhof, ¨e

dran sein		Ich ~.
zu (zum/zum/zur)		Nicos Vater geht ~ Supermarkt. (zu + dem = zum, zu + der = zur)
sehen (! du siehst, er/es/sie sieht)		Hanna ~ Nico nicht.
schon		Sie kennt ihn ~, er kennt sie auch.
nett		Er findet sie süß, sie findet ihn ~.
mich		
dich		ich → Magst du mich?
		du → Ich mag dich.
uns		wir → Kennst du uns?
euch		euch → Wir kennen euch.

26 sechsundzwanzig

Training: Lesen

Lesen

1a Schau die Texte und die Bilder an. Was ist das? Kreuze an.

a) ein Blog   b) ein Chat   c) eine Webseite für Schüler

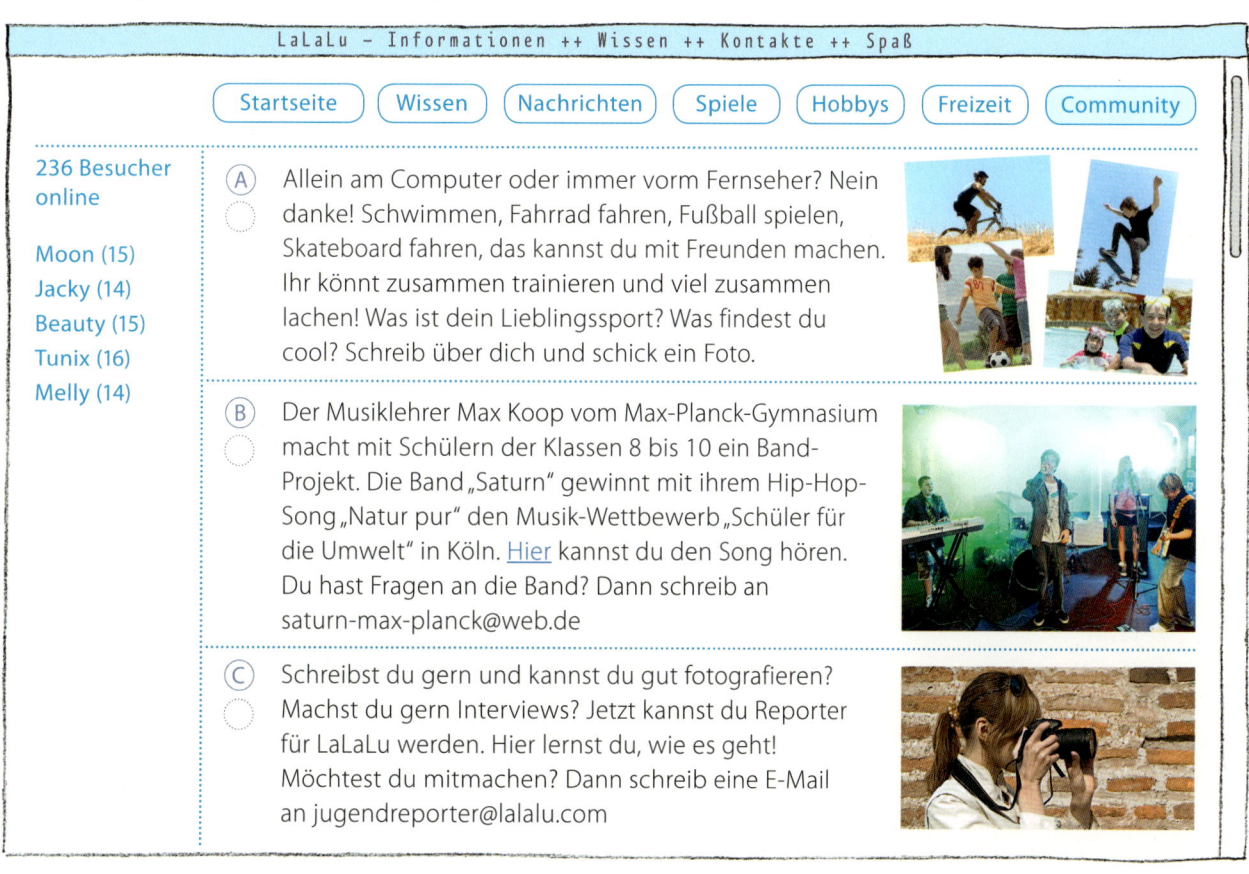

LaLaLu – Informationen ++ Wissen ++ Kontakte ++ Spaß

Startseite | Wissen | Nachrichten | Spiele | Hobbys | Freizeit | Community

236 Besucher online

Moon (15)
Jacky (14)
Beauty (15)
Tunix (16)
Melly (14)

A) Allein am Computer oder immer vorm Fernseher? Nein danke! Schwimmen, Fahrrad fahren, Fußball spielen, Skateboard fahren, das kannst du mit Freunden machen. Ihr könnt zusammen trainieren und viel zusammen lachen! Was ist dein Lieblingssport? Was findest du cool? Schreib über dich und schick ein Foto.

B) Der Musiklehrer Max Koop vom Max-Planck-Gymnasium macht mit Schülern der Klassen 8 bis 10 ein Band-Projekt. Die Band „Saturn" gewinnt mit ihrem Hip-Hop-Song „Natur pur" den Musik-Wettbewerb „Schüler für die Umwelt" in Köln. Hier kannst du den Song hören. Du hast Fragen an die Band? Dann schreib an saturn-max-planck@web.de

C) Schreibst du gern und kannst du gut fotografieren? Machst du gern Interviews? Jetzt kannst du Reporter für LaLaLu werden. Hier lernst du, wie es geht! Möchtest du mitmachen? Dann schreib eine E-Mail an jugendreporter@lalalu.com

---

b Lies die Texte A-C. Welche Überschriften passen? Ordne zu.
Achtung: Drei Überschriften passen nicht.

1. Lieblingssport: Computerspiele — —
2. Wer möchte Jugend-Reporter werden?
3. Schüler schreiben Hip-Hop-Song
4. Umweltprojekt am Max-Planck
5. Foto-Wettbewerb
6. Sport macht Spaß!

> Lies die Texte schnell. Du kennst jetzt das Thema. Dann lies noch einmal und markiere drei wichtige Wörter in jedem Text. Finde dann die passende Überschrift.

c Findest du die Texte interessant? Markiere ☺, 😐 oder ☹.

d Welcher Text oben passt zu den Personen? Ergänze A, B oder C. Achtung: Eine Person passt nicht.

1. *Lissy:* Lissy (14) ist gut in Deutsch und möchte Journalistin werden. Sie arbeitet für die Schülerzeitung „Freizeichen".
2. *Tom:* Tom (15) und seine Freunde Felix, Sandra und Max machen Musik. Sie spielen Pop und möchten gern selbst ein Lied schreiben. Aber sie brauchen Hilfe.
3. *Juan:* Juan (16) ist Computerfreak. Er bastelt den ganzen Tag am Computer und schreibt Computerspiele. Er sucht Freunde für seinen Computer-Klub.
4. *Siri:* Siris Hobby ist Surfen. Ihre Eltern haben eine Windsurfingschule. Siri (14) hatte schon mit fünf Jahren ein Surfbrett und war immer mit ihren Freunden im Wasser.

Training: Hören, Schreiben

Hören

2a Du hörst zwei Dialoge. Wer spricht und wo sind die Personen?
Hör zuerst Dialog 1 und kreuze an. Hör dann Dialog 2 und kreuze an.

Achte auch auf die Stimmen und Geräusche!

1. Wer spricht? | Dialog 1 | Dialog 2
- zwei Jungen ○ ○
- ein Junge und ein Mädchen ○ ○
- zwei Mädchen ○ ○
- zwei Mädchen und ein Junge ○ ○

2. Wo sind sie? | Dialog 1 | Dialog 2
- im Supermarkt ○ ○
- in der Schule ○ ○
- im Schwimmbad ○ ○
- im Park ○ ○

b Hör die Dialoge noch einmal und ordne zu.

Dialog 1
1. Florian und Julian
2. Der Klub MSK Hannover
3. Jeder Schüler
4. Julian

a macht einen Wettbewerb.
b möchte gern mitmachen.
c basteln Modellflugzeuge.
d kann sein Modell fotografieren und das Foto an den Klub schicken.

Dialog 2
1. Finn
2. Der Kunstlehrer
3. Maja
4. Im Zeichenkurs

a lernen sie Mangas zeichnen.
b möchte mit Finn einen Zeichenkurs machen.
c ist blöd.
d findet den Kunstunterricht langweilig.

Schreiben

3a Lies die E-Mail und ergänze die Informationen.

Hallo!
Ich heiße Melly, bin 14 und komme aus Lübeck. Auf dem Foto siehst du mein Hobby: Skateboard fahren! Meine Mutter sagt, das ist ein Sport für Jungen, aber ich finde, wir Mädchen können auch super fahren. Mein Star ist Alex Mizurow. Er ist Skateboarder und die Nummer 1 in Deutschland. Total cool! Deshalb trainiere ich oft. Vielleicht bin ich auch mal die Nummer 1?! Ich gehe auch gern ins Kino. Und du? Ich habe viele Fragen: Wer bist du und was machst du gern? Machst du Sport? Wer ist dein Star? Bitte schreib mir!
Tschüss! Melly

1. Melly wohnt in ....
2. Ihr Lieblingssport ist ....
3. Sie hat einen Star: ....

Markiere die Fragen im Text und schreib zu jeder Frage einen oder zwei Sätze. Verbinde dann die Sätze mit und, aber, deshalb.

b Schreib eine E-Mail in dein Heft und antworte.

Das kannst du jetzt!

Mach die Übungen. Schau dann auf S. 89 und kontrolliere.
Kreuze an: ☺ Das kann ich gut! / 😐 Das geht so. / ☹ Das muss ich noch üben.

1 Was machst du gern? Schreib eine Antwort.
_____

Ich kann über meine Hobbys sprechen. ☺ 😐 ☹

2 Ein Freund hat keine Hobbys. Gib ihm Tipps. Verwende auch *doch* und *mal*.

Kino: einen Film schauen — Geh doch mal ins Kino und schau einen Film.
Park: Fußball spielen _____
Bibliothek: Bücher lesen _____
Café: Freunde treffen _____

Ich kann jemandem Tipps geben. ☺ 😐 ☹

3a Du hast Schmerzen. Eine Freundin fragt: Wie geht es dir? Was antwortest du?

1. Nicht _____ Ich _____
2. Meine _____

Ich kann sagen, was mir wehtut und wo ich Schmerzen habe. ☺ 😐 ☹

b Was sagt deine Freundin dann? _____

Ich kann jemandem gute Besserung wünschen. ☺ 😐 ☹

4 Du sprichst mit einem Freund. Was sagst du?

Du möchtest seine DVD haben: Gibst du mir bitte _____ ?
Dein Freund geht einkaufen. Du möchtest Cola trinken: _____
_____ ?

Ich kann jemanden auffordern, etwas zu tun. ☺ 😐 ☹

5 Ein Junge ist neu in deiner Klasse. Frag nach seiner Adresse, Telefon- oder Handynummer.
_____

Ich kann nach Adresse und Telefonnummer fragen. ☺ 😐 ☹

6 Wie kommst du …? Berichte.

zur Schule? _____
zum Training? _____

Ich kann sagen, welche Verkehrsmittel ich nehme. ☺ 😐 ☹

7 Du findest ein Mädchen / einen Jungen toll. Mach ihr/ihm ein Kompliment!
_____

Ich kann Komplimente machen. ☺ 😐 ☹

Kati kommt nächsten Freitag.

13 LEKTION

NACH AUFGABE 1

1 Was passt? Ergänze.

| Geburtstag × fliegt × Monat × ~~Ferien~~ × kommt × Woche |

1. ● Wie lange habt ihr _Ferien_? ◆ Eine _____.
2. ● Sarah hat am Samstag _____. Was kann ich ihr kaufen?
3. ▼ Meine Mutter möchte gern New York sehen. Aber sie _____ nicht gern.
4. ■ _____ ihr? Wir müssen jetzt los!
5. Paul hatte einen Unfall. Jetzt kann er einen _____ nicht trainieren.

NACH AUFGABE 2

2a Wer geht zu wem? Ergänze die Namen.

GRAMMATIK

Hallo Lena!
Hallo Melanie!
Hallo Laura! Hi Simon!
Hallo Oma!
Hallo, Onkel Tom!

1. _Lena_ geht zu Melanie.
2. _____ fliegt zu seinem Onkel.
3. _____ geht zu seinen Freunden.
4. _____ fährt zu ihrer Oma.

b Unterstreiche in 2a die Satzteile mit zu wie im Beispiel und ergänze die Regel.

	zu + Person		
Zu wem?	zu sein_____	Onkel	❗ zu _Melanie_
zu + Dativ	zu ihr_____	Oma	
	zu sein_____	Freunde	

3 Was ist richtig? Unterstreiche.

1. Laura fliegt zu **ihrem**/ihrer Bruder. Er ist in Australien.
2. Marco fährt zu seinen/seine Großeltern. Sein Opa hat Geburtstag.
3. Lina geht zu ihrer/ihrem Freundin. Sie möchten zusammen einen Kuchen machen.
4. Ich gehe zu meine/meinen Freunden. Wir möchten Monopoly spielen.
5. Was machst du in den Ferien? Fährst du zu deiner/deinem Cousin?
6. Paul geht zu seine/seiner Tante. Sie macht heute eine Pizza.
7. Frau Richter fährt zu ihren/ihre Geschwistern. Sie wohnen in Leipzig.

NACH AUFGABE 3

4 Was passt? Ergänze die Sätze.

viel Spaß × ~~bist du da~~ × wie geht's × Schluss machen × ist ja klasse × toll

Verwendest du diese Wörter auch im Chat?
CU (= engl. *see you*)
LOL (= engl. *laugh out loud*)

Hi, Tina, _bist du da_ (1)?
Ja hallo, Bea! _____ (2)?
Super! Und dir?
Na ja, es geht. Ich lerne gerade Vokabeln ...
Oje! Du, gehst du am Samstag auch zu Paula? Sie hat doch Geburtstag.
Ja, ich gehe auch! ☺
Das _____ (3)! Und was bringen wir ihr mit?
Vielleicht ein Poster von Lady Gaga? Sie findet Lady Gaga _____ (4).
Ja, das machen wir!
Du, ich muss jetzt _____ (5). Ich habe gleich Theatergruppe.
Na dann _____ (6)!
Danke! ☺ Und bis bald. CU

GRAMMATIK

5a Was passt? Verbinde die Sätze. Unterstreiche dann die Ortsangaben wie im Beispiel.

1. Ben möchte nach Granada. — c) Er fährt nach Spanien.
2. Luca möchte nach Zürich. — a) Er fährt in die Schweiz.
3. Ria möchte nach Istanbul. — d) Sie fliegt in die Türkei.
4. Marie möchte nach New York. — b) Sie fliegt in die USA.

b Ergänze die Regel.

Präposition nach			
Wohin?			
Länder und Städtenamen ohne Artikel:	Spanien, Österreich, ...	→ _nach_ Spanien,	_____ Österreich, ...
	Granada, Istanbul, ...	→ _nach_ Granada,	_____ Istanbul, ...
(!) Ländernamen mit Artikel + in:	die Schweiz, die Türkei, ...	→ _____ Schweiz,	_____ Türkei, ...
	die USA, ...	→ _____ USA, ...	

13

6 Was passt? Kreuze an.

nach	in die	zu	zu meinem	zu meiner	zu meinen	
			x			Cousin
						Paris
						Felix
						Schwester
						Eltern
						Südafrika
						Musiklehrer
						USA
						Anna und Laura

7 Ergänze nach, in die, zu, zu meinem, zu meiner oder zu meinen.

■ Ich fahre am Wochenende _nach_ Hamburg, _____ (1) Bruder. Und was macht ihr?

● Ich gehe _____ (2) Großeltern.

■ Ich fahre _____ (3) Freund Ben.

◆ Ich gehe _____ (4) Kati und Laura.

● Ich habe Montag und Dienstag frei. Ich fliege _____ (5) England, _____ (6) Cousine.

■ Ich fahre _____ (7) Schweiz. Wir gehen klettern.

▲ Ich gehe _____ (8) Freundinnen.

■ Ich schlafe!

GRAMMATIK

8a Lies und unterstreiche die Zeitangaben wie im Beispiel.

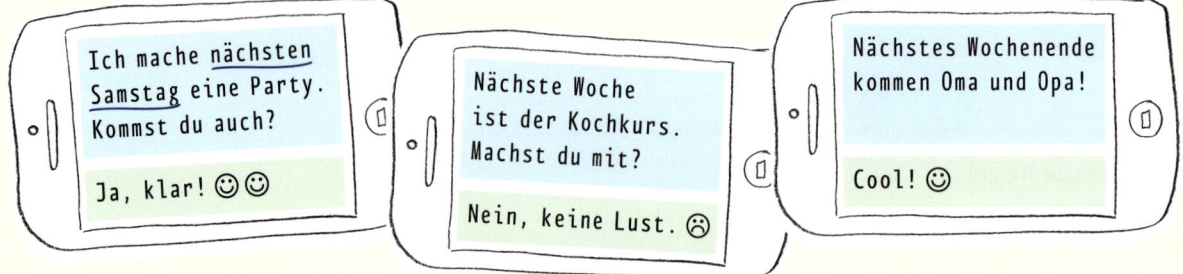

Ich mache nächsten Samstag eine Party. Kommst du auch?
Ja, klar! 😊😊

Nächste Woche ist der Kochkurs. Machst du mit?
Nein, keine Lust. 😞

Nächstes Wochenende kommen Oma und Opa!
Cool! 😊

b Ergänze die Regel.

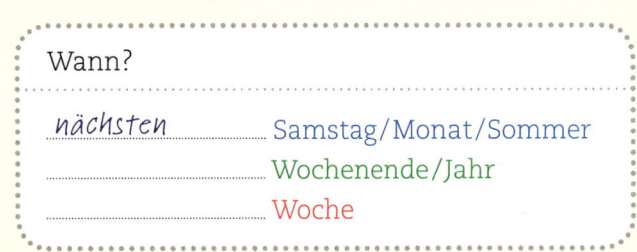

Wann?

nächsten Samstag/Monat/Sommer
_____ Wochenende/Jahr
_____ Woche

9 Ergänze die Endungen.

1. ■ Gehen wir nächst__en__ Sonntag klettern? ◆ Ja, super!
2. ● Nächst_____ Wochenende fahren wir nach Heidelberg. ▲ Dann viel Spaß!
3. ▼ Habt ihr nächst_____ Woche schon Ferien? ◆ Ja, und ihr?
4. ◆ Nächst_____ Sommer mache ich einen Surfkurs. ■ Toll!
5. ● Ich möchte nächst_____ Jahr in einer Band spielen. ▼ Das finde ich klasse!
6. ■ Nächst_____ Monat habe ich Geburtstag. ◆ Machst du dann eine Party?

NACH AUFGABE 4

10 Wie heißen die Verben? Lös das Rätsel.

1. a b f a h r e n

11 Schreib die Sätze richtig.

1. ◆ _Wann fährt der Zug nach Innsbruck ab_ ? (nach Innsbruck — wann — abfahren — der Zug)
   ● Um vierzehn Uhr.
2. ■ Fliegt ihr direkt nach Zürich?
   ● Nein, _____. (umsteigen — in München — wir)
3. ▲ _____? (du — ankommen — wann — in Köln)
   ● Ich bin um halb zwölf da.
4. ■ _____? (mich — du — abholen — können)
   ● Ja, _____. (abholen — dich — ich)
5. ◆ _____? (Tom — anrufen — du)
   ● Ja, _____. (anrufen — ihn — ich — können)

NACH AUFGABE 6

12a Finde noch sieben Wörter zum Thema *Reisen*.

VRIND**REISE**AKLOMMGABBAHNHOFDEBXRZUGWFAHRKARTEIPRGLEISZG

ANNVABFAHRENHKNIUMSTEIGENJRAUXSCHANKOMMENBLMIEN

13

b Was passt? Ergänze drei Wörter aus 12a.

1. ▲ Wo fährt der Zug ab? ● Auf _____ zwei.
2. ▲ Hast du deine _____? ● Ja, hier ist sie.
3. ▲ Na, dann gute _____! ● Vielen Dank.

13 Schau die Bilder an und lies. Was passt zusammen? Ordne zu.

1. C — Am Mittwoch um acht Uhr dreißig.
2. ○ — Asterix? Um fünfzehn Uhr fünfzig und um achtzehn Uhr zehn.
3. ○ — Es ist sechs Uhr fünfundvierzig.
4. ○ — Guten Abend. Es ist zwanzig Uhr fünfzehn.

14 Was passt? Ergänze die Fragen. Zeichne dann die Zeiger in die Uhren.

> Entschuldigung, wie spät ist es jetzt? ✕ Wann kommt der Zug aus Graz an? ✕
> Entschuldigung, wann fährt der Bus zum Bahnhof ab?

1. ● _____
   ◆ Der Intercity? Um siebzehn Uhr zweiundfünfzig. ● Vielen Dank.

2. ▲ _____
   ● Es ist genau zehn Uhr zwei. ▲ Danke.

3. ■ _____
   ◆ Der Bus zum Bahnhof? Um elf Uhr fünfundzwanzig. ■ Danke.

NACH AUFGABE 7

15 Ergänze.

> lebt ✕ geradeaus ✕ ~~viel~~ ✕ wichtig ✕ leicht ✕ wenig ✕ arbeiten ✕ schwer

1. ● Du musst _viel_ Obst und Gemüse essen. Das ist _____.
2. ■ _____ Shakira in Kolumbien? ▼ Nein, ich glaube nicht.
3. Armin möchte gern Cello lernen. Aber Cello spielen ist nicht _____.
4. ◆ Wo ist denn der Bahnhof? ● Sie müssen hier _____ gehen. Es ist nicht weit.
5. ▲ Wie schreibt man „Juni"? ■ J-u-n-i. Das ist doch nicht _____.
6. Frau Gessner ist Ärztin von Beruf. Sie muss oft am Wochenende _____.
7. Eva kocht gern und sie macht gern Reisen. Aber sie hat _____ Zeit für ihre Hobbys.

NACH AUFGABE 9

GRAMMATIK

16a Was passt zusammen? Ordne zu. Unterstreiche dann *Ihr, Ihre*.

1. D • Entschuldigung, ist das Ihr Buch?   ♦ Oh ja! Entschuldigung!
2. ○ ■ Guten Tag, Ihre Fahrkarten, bitte!
3. ○ ▲ Ihr Zug fährt heute auf Gleis 19b ab.   • Vielen Dank.
4. ○ ♦ Entschuldigung, kann ich Ihre Zeitung haben?   ▼ Ja, gern.

Possessivartikel	
Sie	
_____	Zug
Ihr	Buch
_____	Zeitung
_____	Fahrkarten

b Schreib die Possessivartikel aus 16a in die Tabelle.

17 Was ist richtig? Unterstreiche.

1. • Da kommt Ihr/Ihre Bus, Herr Kraus.   ▼ Endlich!
2. ♦ Sind das deine/Ihre Freunde, Simon?   • Ja, sie heißen Tom und Tina.
3. ■ Hier ist dein/Ihr Tee, Oma.   ♦ Danke dir.
4. ▲ Was sind Ihre/Ihr Lieblingsfarben, Frau Werner?   ■ Weiß und blau.

> Denk dran: Du schreibst *Sie* und *Ihr* immer groß!

AUSSPRACHE

18 Konsonant r: Hör zu und sprich nach.

r (wie a) →	Uhr	Computer	Schwester	dir	klar
→	Par|ty	ner|ven	Schmer|zen	fer|tig	ar|beiten
→	Arzt	Sport	fernsehen	Durst	gern

r (wie r) →	Reise	rechts	rot	richtig	Rücken
→	Fe|rien	Eu|ro	wa|rum	fah|ren	auf|räumen
→	Straße	drei	April	sprechen	grau

19 Was hörst du? Kreuze an.

	r (wie a)	r (wie r)			r (wie a)	r (wie r)			r (wie a)	r (wie r)
1. Ohr	○	○		5. grün	○	○		9. Schüler	○	○
2. Ohren	○	○		6. der	○	○		10. Schülerin	○	○
3. rechts	○	○		7. Geburtstag	○	○		11. Jahr	○	○
4. ihr	○	○		8. schreiben	○	○		12. Jahren	○	○

20 Hör zu und sprich nach.

Party-Ferien
Im Frühling von Februar bis April und im Herbst von September bis Oktober reisen vierunddreißig fröhliche Freundinnen und Freunde ohne Fahrkarten mit graugrünen Rucksäcken auf dem Rücken durch Griechenland.

13 Lernwortschatz

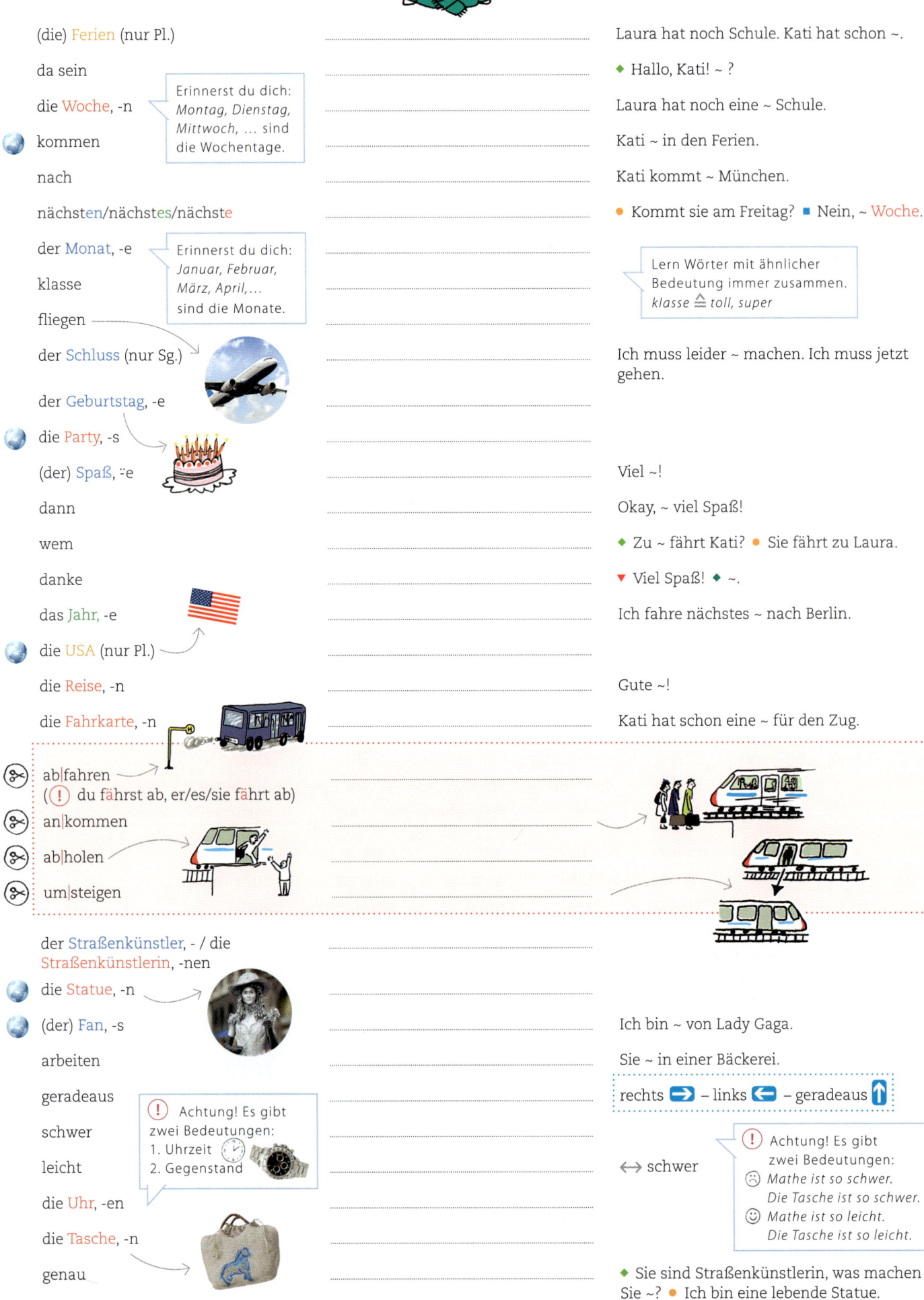

Das sind deine Wörter!

(die) Ferien (nur Pl.) — Laura hat noch Schule. Kati hat schon ~.

da sein — ● Hallo, Kati! ~ ?

die Woche, -n — Laura hat noch eine ~ Schule.

Erinnerst du dich: Montag, Dienstag, Mittwoch, … sind die Wochentage.

kommen — Kati ~ in den Ferien.

nach — Kati kommt ~ München.

nächsten/nächstes/nächste — ● Kommt sie am Freitag? ■ Nein, ~ Woche.

der Monat, -e

Erinnerst du dich: Januar, Februar, März, April, … sind die Monate.

klasse

Lern Wörter mit ähnlicher Bedeutung immer zusammen. klasse ≙ toll, super

fliegen

der Schluss (nur Sg.) — Ich muss leider ~ machen. Ich muss jetzt gehen.

der Geburtstag, -e

die Party, -s

(der) Spaß, ¨-e — Viel ~!

dann — Okay, ~ viel Spaß!

wem — ● Zu ~ fährt Kati? ● Sie fährt zu Laura.

danke — ▼ Viel Spaß! ◆ ~.

das Jahr, -e — Ich fahre nächstes ~ nach Berlin.

die USA (nur Pl.)

die Reise, -n — Gute ~!

die Fahrkarte, -n — Kati hat schon eine ~ für den Zug.

ab|fahren
(!) du fährst ab, er/es/sie fährt ab)

an|kommen

ab|holen

um|steigen

der Straßenkünstler, - / die Straßenkünstlerin, -nen

die Statue, -n

(der) Fan, -s — Ich bin ~ von Lady Gaga.

arbeiten — Sie ~ in einer Bäckerei.

geradeaus — rechts ➡ – links ⬅ – geradeaus ⬆

schwer

leicht — ↔ schwer

*(!) Achtung! Es gibt zwei Bedeutungen:
☹ Mathe ist so schwer.
Die Tasche ist so schwer.
☺ Mathe ist so leicht.
Die Tasche ist so leicht.*

die Uhr, -en

*(!) Achtung! Es gibt zwei Bedeutungen:
1. Uhrzeit
2. Gegenstand*

die Tasche, -n

genau — ● Sie sind Straßenkünstlerin, was machen Sie ~? ● Ich bin eine lebende Statue.

Das T-Shirt gefällt mir!

LEKTION 14

NACH AUFGABE 1

1 Schau die Bilder an. Was passt? Schreib die Wörter richtig mit Artikel.

overpull × heschu × seblu × ~~snaej~~ × kcor × dmeh × ~~seho~~ × nibiki × eidkl

A. die Jeans / die Hose

NACH AUFGABE 3

GRAMMATIK

2a Ergänze *gefallen* in der richtigen Form.

1. Die Jacke _gefällt_ mir echt gut.
2. Wie _____ dir das T-Shirt? 
3. _____ dir die Schuhe? 
4. Die Blusen _____ mir. 

b Schreib die Sätze aus **2a** in das Schema.

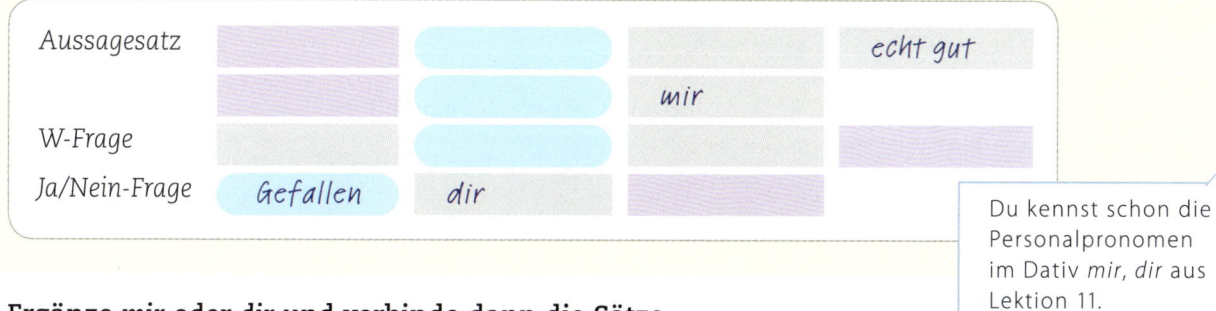

Aussagesatz				echt gut
			mir	
W-Frage				
Ja/Nein-Frage	Gefallen	dir		

> Du kennst schon die Personalpronomen im Dativ *mir*, *dir* aus Lektion 11.

3 Ergänze *mir* oder *dir* und verbinde dann die Sätze.

1. ● Der Rock gefällt _mir_.
2. ▲ Wie gefallen _____ meine Schuhe?
3. ♦ Horrorfilme gefallen _____ nicht.
4. ■ Wie gefällt _____ das Buch?
5. ▲ Gefällt _____ Wien?

a) ▲ Es gefällt _____ ganz gut.
b) ♦ Echt nicht? Ich finde sie toll.
c) ● Hm, ich finde ihn nicht so besonders.
d) ▲ Ja, Wien ist echt super.
e) ● Ich finde, sie sehen toll aus!

siebenunddreißig 37

4 Schreib die Sätze richtig.

1. Die T-Shirts gefallen mir nicht. (gefallen — nicht — mir — Die T-Shirts)
2. _____. (mir — Das Geschenk — gut — gefällt)
3. _____? (die Poster — dir — gefallen — Wie)
4. _____? (dir — die Statue — Gefällt)
5. _____. (nicht — gefällt — mir — Das Hemd)

GRAMMATIK

5 Schreib die Sätze in das Schema.

▲ Der Pullover gefällt mir.   ▲ Hip-Hop gefällt meinen Eltern.
◆ Mir gefällt der Pullover auch. ☺   ◆ Meinen Eltern gefällt Hip-Hop nicht. ☹

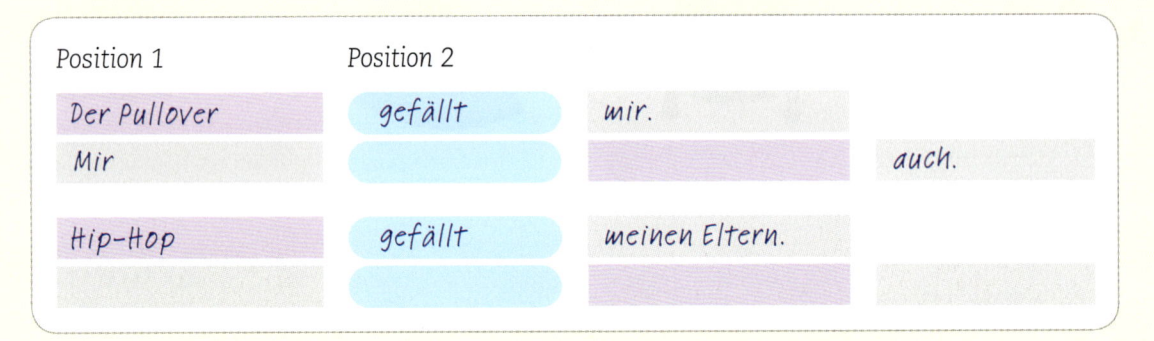

Position 1	Position 2		
Der Pullover	gefällt	mir.	
Mir			auch.
Hip-Hop	gefällt	meinen Eltern.	

6a Ergänze die fehlenden Dialogteile. Beginne mit dem unterstrichenen Satzteil.

1. ■ Tennis gefällt meinem Opa.
   ● ☺ Meinem Opa gefällt Tennis auch.
2. ■ Asterix-Comics gefallen meiner Schwester.
   ● ☹ _____
3. ■ Breakdance gefällt meinen Freunden.
   ● ☹ _____
4. ■ James-Bond-Filme gefallen meinem Bruder.
   ● ☺ _____

b Ergänze die Tabelle und die Regel.

Verb gefallen	+ Dativ	
Der Film gefällt	meinem	Opa.
	_____	Schwester.
	_____	Freund.

Verb gefallen

Das Verb *gefallen* steht mit _____.

7 Ergänze die Dativ-Endungen.

1. ◆ Glaubst du, die CD gefällt mein**em** Vater? ● Ja klar!
2. ■ Gefällt dein_____ Schwester die neue Schule? ▲ Nein, nicht so besonders.
3. ● Hier bitte, gib dein_____ Eltern meine E-Mail-Adresse. ◆ Ja, vielen Dank.
4. ◆ Kaufst du dein_____ Bruder auch ein Eis? ● Okay, Mama.
5. ▲ Papa, bringst du mein_____ Freunde_____ eine Cola mit? ■ Ja, das mache ich.

SCHREIBTRAINING

8a Lies den Text. Unterstreiche dann die Dativ-Ergänzungen wie im Beispiel.

> 23.03.
> 12:12
> **allesokay**
> **member**
>
> Hallo, ich suche einen Namen für meine Band.
> Der Name „Fan-Klub" gefällt mir. Aber er gefällt meiner Band nicht. Er gefällt meinen Freunden auch nicht.
> Wie findet ihr den Namen?

b Lies den Tipp.

So kannst du die Dative betonen:
Der Name „Fan-Klub" gefällt mir.
Mir gefällt der Name „Fan-Klub".

c Schreib den Text von **8a** besser.

Ich suche einen Namen für meine Band. Mir gefällt der Name „Fan-Klub". Aber _____

GRAMMATIK

NACH AUFGABE 4

9a Ergänze.

Eltern · Schwester · Oma · Bruder · Opa

● Oh, hast du Geschenke gekauft?
■ Ja, ich habe eine Bluse für meine __Schwester__, Fotos für meine _____ und eine CD für meine _____. Und ich habe einen Kuli für meinen _____. Aber ich habe noch nichts für meinen _____.

b Unterstreiche in **9a** die Satzteile mit *für* wie im Beispiel. Ergänze dann die Tabelle und die Regel.

Nominativ	Akkusativ
mein Opa	Das Geschenk ist _____.
meine Schwester	Das Geschenk ist *für meine Schwester*.
meine Eltern	Das Geschenk ist _____.

Präposition für:
Die Präposition *für* steht immer mit _____

10a Ergänze die Akkusativ-Endungen.

1. Lina sucht ein Geschenk für ihr_____ Oma. Sie hat nächste Woche Geburtstag.
2. Jan bastelt ein Modell-Flugzeug für sein_____ Vater. Es sieht toll aus.
3. ◆ Der Kugelschreiber ist schön, nicht? ● Er ist für mein_____ Opa.
4. Nico macht Musik für sein_____ Freunde. Er spielt super Gitarre.

14

b Ergänze die Personalpronomen.

1. ■ Ich habe eine Überraschung für _dich_. ▲ Eine Überraschung? Für _____?
2. ▲ Morgen kommen meine Großeltern. Ich mache einen Kuchen für _____.
3. ◆ Spielt Marco noch Theater? Wir haben eine Rolle für _____.
4. ● Ist der Ananassaft für Claudia? ■ Ja, der Saft ist für _____.

> Du kennst schon die Personalpronomen im Akkusativ aus Lektion 12.

NACH KB AUFGABE 5

11 Was ist richtig? Unterstreiche.

1. ▼ Ich muss noch Gitarre üben. Nächste Woche haben wir ein Konzert/Kiosk.
2. ◆ Ich brauche Kletterschuhe. Am Wochenende ist doch das Flohmarkt/Sportfest.
3. ● Hast du heute auch Volleyball? ■ Nein, ich habe heute meinen Park/Tanzkurs.

GRAMMATIK

12a Lies den Text und unterstreiche die Akkusativ-Ergänzungen wie im Beispiel.

FORUM: SCHUL-LEBEN

Hallo Leute!
Das ist meine Schule. Hier gibt es <u>einen Kletterpark</u>, ein Schüler-Café, eine Theatergruppe und super Lehrer. ☺
Aber es gibt <u>keinen Schulbus</u>, kein Volleyball-Team, keine Schülerzeitung und keine Projekttage. ☹

» Neuhaus-Schule, Dresden

b Ergänze die Artikel in der Tabelle. Ergänze dann die Regel.

Akkusativ	Es gibt	_einen_ / _keinen_ Kletterpark.	___ / ___ Schüler-Café.	___ / ___ Schülerzeitung.	___ / ___ Projekttage.

Es gibt steht immer mit dem _____.

13 Schau die Bilder an und vergleiche. Was gibt es in Schule A? Was gibt es in Schule B nicht? Schreib auf.

A: Sporthalle, Bibliothek, Film-Klub, Schwimmbad, Computerkurse, Schüler-Café

B: Schüler-Café, Sporthalle, Bibliothek

1. In Schule A gibt es eine Sporthalle, _____.

2. In Schule B gibt es kein Schwimmbad, _____.

GRAMMATIK

14 Lies den Text und unterstreiche wie im Beispiel *man* und das Verb. Ergänze dann die Regel.

Man kann in meiner Schule Deutsch, Englisch und Chinesisch lernen und man arbeitet viel zusammen. Und man kann einen Breakdance-Kurs machen. Aber man kann nicht Hockey spielen. Wie findet ihr meine Schule?

> Verwechsle nicht *man* und *Mann*.

Indefinitpronomen man

Er/Es/Sie/_____ kann Deutsch lernen.   Er/Es/Sie/_____ arbeitet viel.

15 Was kann man in deiner Schule machen? Was nicht? Schreib in dein Heft wie in **14**.

NACH AUFGABE 6

16 Wo sind die Leute? Ergänze.

an ◻ × auf ◻ × in ◻

A _____ der Schule

B _____ dem Sportplatz

C _____ der Bus-Haltestelle

GRAMMATIK

17a Lies den Dialog und unterstreiche die Ortsangaben wie in den Beispielen.

- ● Hallo Max, ich kaufe am Kiosk noch ein Kicker-Magazin. Bist du schon im Bus?
- ▼ Nein, ich stehe an der Haltestelle. Wo ist denn Florian?
- ● Florian hat noch Volleyball-Training. Er isst heute in der Schule.
- ▼ Ach ja. Übrigens: Bist du heute Nachmittag wieder auf dem Sportplatz?
- ● Nein, ich muss noch ein Geschenk kaufen. Aber ich habe nicht viel Geld.
- ▼ Kauf doch etwas auf dem Flohmarkt. Ich finde dort immer etwas.
- ● Hm, ich weiß nicht.
- ▼ Und was machen wir morgen? Im Kino kommt ein James-Bond-Film. Hast du Lust?
- ● Ja, okay.

b Ergänze die Tabelle

> Bei *an dem* schreibst und sagst du *am*. Bei *in dem* schreibst und sagst du *im*.

Wo?				
in ◻		*im* Bus,	_____ Kino,	_____ Schule
an ◻	+ Dativ	*am* Kiosk,	_____ Haltestelle	
auf ◻		_____ ...platz,	_____ Flohmarkt	

einundvierzig **41** Kati

14

18 Ergänze die Präpositionen und die Artikel.

1. ▲ Kaufst du mir _am_ Kiosk eine Tüte Chips? ▼ Ja, okay.
2. ■ Wo warst du denn gestern? ◆ Ich war _____ Kino. Der Film war super.
3. ● Ich bin in fünf Minuten da. Wo stehst du denn? ▲ _____ Haltestelle.
4. ◆ Tim war gestern nicht _____ Schule. Er hatte Halsschmerzen.
5. ▲ Gibt es _____ Flohmarkt auch Asterix-Filme? ■ Hm, ich weiß nicht.
6. ● Ich war heute mit Papa _____ Sportplatz. Wir trainieren für den Marathon.
7. ◆ _____ Bus höre ich immer Musik. ● Ja, ich auch.

NACH AUFGABE 8

19 Was passt? Kreuze an.

1. ● Komm, wir basteln ein Flugzeug.
   - ◆ Super. Und dir?
   - ◆ Vielen Dank.
   - ◆ Einverstanden.

2. ● Wir schreiben heute keinen Test.
   - ◆ Gute Besserung!
   - ◆ Uff, da bin ich aber froh!
   - ◆ Bis bald.

3. ● Was? Du hast hundert Euro Taschengeld?
   - ◆ Viele Grüße.
   - ◆ Gute Reise.
   - ◆ Quatsch, das war doch nur Spaß!

4. ● Machen wir einen Karibik-Cocktail?
   - ◆ Hier, bitte.
   - ◆ Super Idee!
   - ◆ Oh, Entschuldigung!

AUSSPRACHE

20 Vokal e: Hör zu und sprich nach.

ē →	mehr	wehtun	Tee	Ferien	Lehrer	Idee
ę →	welcher	gestern	deshalb	nett	Test	treffen
e →	Straße	klasse	Beine	nächste	Reise	Leute
(e) →	gefall(e)n	arbeit(e)n	Gart(e)n	mach(e)n	kauf(e)n	Reis(e)n

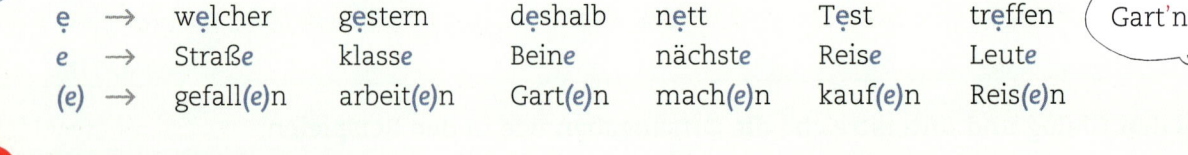

Gart'n

21 Hör zu und sprich nach.

1.
Hose – Hosen
Jacke – Jacken
Reise – Reisen
Bluse – Blusen

2.
habe – haben
gefalle – gefallen
höre – hören
arbeite – arbeiten

3.
Ein Test in den Ferien?
Mehr Tee, bitte!
Ein Geschenk? Für wen?
Zuerst rechts, Herr Behr.

22a Hör zu und sprich die Antwort nach.

◆ Wie findest du …
   die grauen Socken? ● Ach, nee!
   die gelben Schuhe? ● Es geht.
   die grüne Jacke? ● Hm.
   die rote Jeans? ● Geht so.
   die blaue Bluse? ● Sehr nett!
   das weiße Hemd? ● Gute Idee!
   die schwarze Hose? ● Echt klasse!

b Spielt den Dialog zu zweit.

Kati 42 zweiundvierzig

Lernwortschatz 14

Das sind deine Wörter!

Die Kleidung

das Kleid, -er
die Bluse, -n 
die Hose, -n 
die Jeans (nur Pl.) 
der Rock, ⸚e 
der Bikini, -s 
der Schuh, -e 
der Pullover, - 
die Jacke, -n 
das Hemd, -en 

---

das Geschenk, -e

glauben
- ▲ Ich ~, das ist eine Bluse.
- ● Nein, das ist doch ein Hemd.

die Farbe, -n

> Kennst du noch alle Farben? *gelb, blau, rot, grün,…*

gefallen (❗ er/es/sie gefällt) + *Dativ*   Wie ~ dir das Kleid?

aus|sehen (❗ du siehst aus, er/es/sie sieht aus)

für   Ein Geschenk ~ dich!

der Kugelschreiber, -   = Kuli

der Flohmarkt, ⸚e   Kati und Laura waren auf dem ~.

der Ostbahnhof, ⸚e   Der Flohmarkt ist am ~.

das Konzert, -e

> Suche immer nach bekannten Wörtern. Das Wort *Bahnhof* kennst du schon.

der Treffpunkt, -e   Der Kiosk ist der ~.

der Kiosk, -e

das Fest, -e   Am Marienplatz ist ein Sport~.

es gibt   ~ heute einen Flohmarkt.

man

> Erinnerst du dich: *man* ≠ *der Mann* = *jede Person, alle*

> Es gibt noch mehr Präpositionen mit Dativ auf die Frage *wo*: *in* und *an*

auf + *Dativ*

(die) Idee, -n   Laura findet Katis ~ nicht so toll.

einverstanden (sein)   ▲ Gehen wir zum Flohmarkt? ● Ja, ~!

(der) Quatsch (nur Sg.)   ~! Das war doch nur Spaß!

der Hip-Hop (nur Sg.)

dreiundvierzig 43 Kati

Das Konzert hat Spaß gemacht!

15 LEKTION

NACH AUFGABE 2

1 Lös das Rätsel.

1. Kati kauft einen _____.
2. Er kostet nur vier _____.
3. Kati findet vier Euro nicht _____.
4. Nein. Sie findet vier Euro _____.
5. Im Englischen Garten tanzen viele _____.
6. E - M A I L   Kati schickt ihrer Mama morgen eine _E-Mail_ mit Fotos.
7. Jetzt _____ Kati auf einem Konzert.

GRAMMATIK

2a Ergänze die Verbformen.

gehört ✗ getanzt ✗ ~~gekostet~~ ✗ gekauft ✗ gemacht

Das Konzert gestern im Olympiapark war toll.
Das Ticket hat nur sieben Euro _gekostet_ (1).
Drei Schülerbands aus München haben Musik
_____ (2). Wir haben super
Musik _____ (3). Laura und
Simon haben auch _____ (4).
In der Pause hat Tante Julia Cola für alle
_____ (5).

b Unterstreiche in 2a die Verben im Perfekt und ergänze die Tabelle.

Infinitiv	Perfekt haben + Partizip Perfekt
kosten	hat gekostet

c Ergänze die Regeln.

Perfekt
Hilfsverb _____ + Partizip Perfekt

Partizip Perfekt
ge + Verbstamm + t
ge mach _____ , _____ ,
(!) ge kost et

Präsens → jetzt, heute, …
Das Ticket kostet nur sieben Euro.

Perfekt → gestern, …
Das Ticket _____ nur sieben Euro _____ .

3 Bilde das Perfekt wie in den Beispielen und schreib die Formen der anderen Verben in dein Heft.

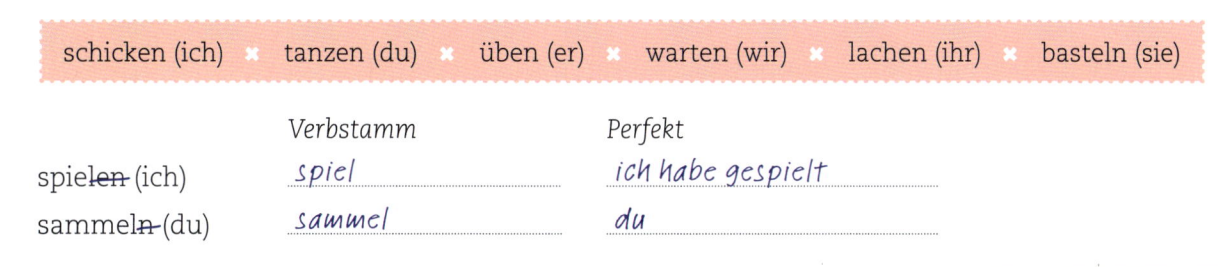

schicken (ich) ✳ tanzen (du) ✳ üben (er) ✳ warten (wir) ✳ lachen (ihr) ✳ basteln (sie)

	Verbstamm	Perfekt
spiel~~en~~ (ich)	_spiel_	_ich habe gespielt_
sammel~~n~~ (du)	_sammel_	_du_

GRAMMATIK

4a Ergänze das Partizip Perfekt.

1. ● Laura hat auf dem Flohmarkt Ohrringe _____ (kaufen)
   ◆ Wie viel haben sie denn _____? (kosten) ● Ich glaube, fünf Euro.
2. ◆ Was haben Nico und Alex gestern _____? (machen)
   Haben sie mit der Band _____? (üben)
   ■ Ja, Nico hat Gitarre _____ (spielen) und Alex Keyboard.

b Schreib Sätze aus 4a in das Schema.

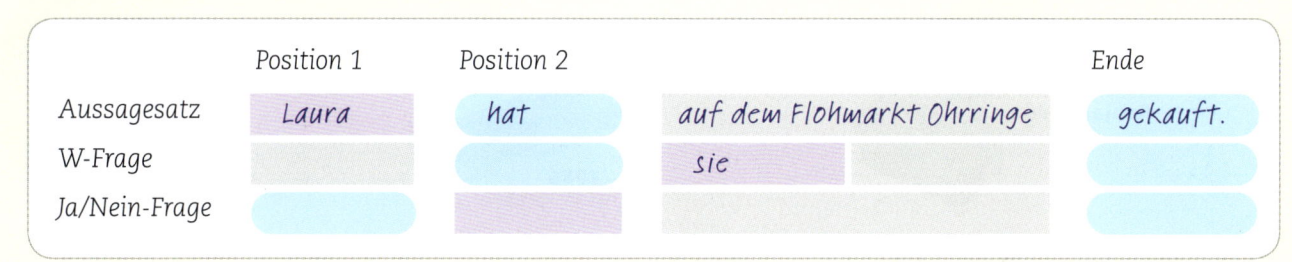

	Position 1	Position 2		Ende
Aussagesatz	Laura	hat	auf dem Flohmarkt Ohrringe	gekauft.
W-Frage			sie	
Ja/Nein-Frage				

c Ergänze die Regel.

Perfekt

Aussagesatz und W-Frage: Das Hilfsverb *haben* steht auf Position _____.
Das Partizip Perfekt steht am _____.

Ja/Nein-Frage: Das Hilfsverb *haben* steht auf Position _____.
Das Partizip Perfekt steht am _____.

5 In welches Tor muss der Ball? Verbinde.

1. Was ⚽ du ⚽ denn da gekauft?   ⚽ hast
2. ⚽ du ⚽ mich gemalt? Toll!   ⚽ hast
3. Wer hat ⚽ denn auf der Party Gitarre ⚽ ? ⚽ gespielt
4. ⚽ Simon und Laura ⚽ gestern Bio gelernt. ⚽ haben
5. Herr Meier, Sie ⚽ haben ja Hip-Hop ⚽ !   ⚽ getanzt

NACH AUFGABE 3

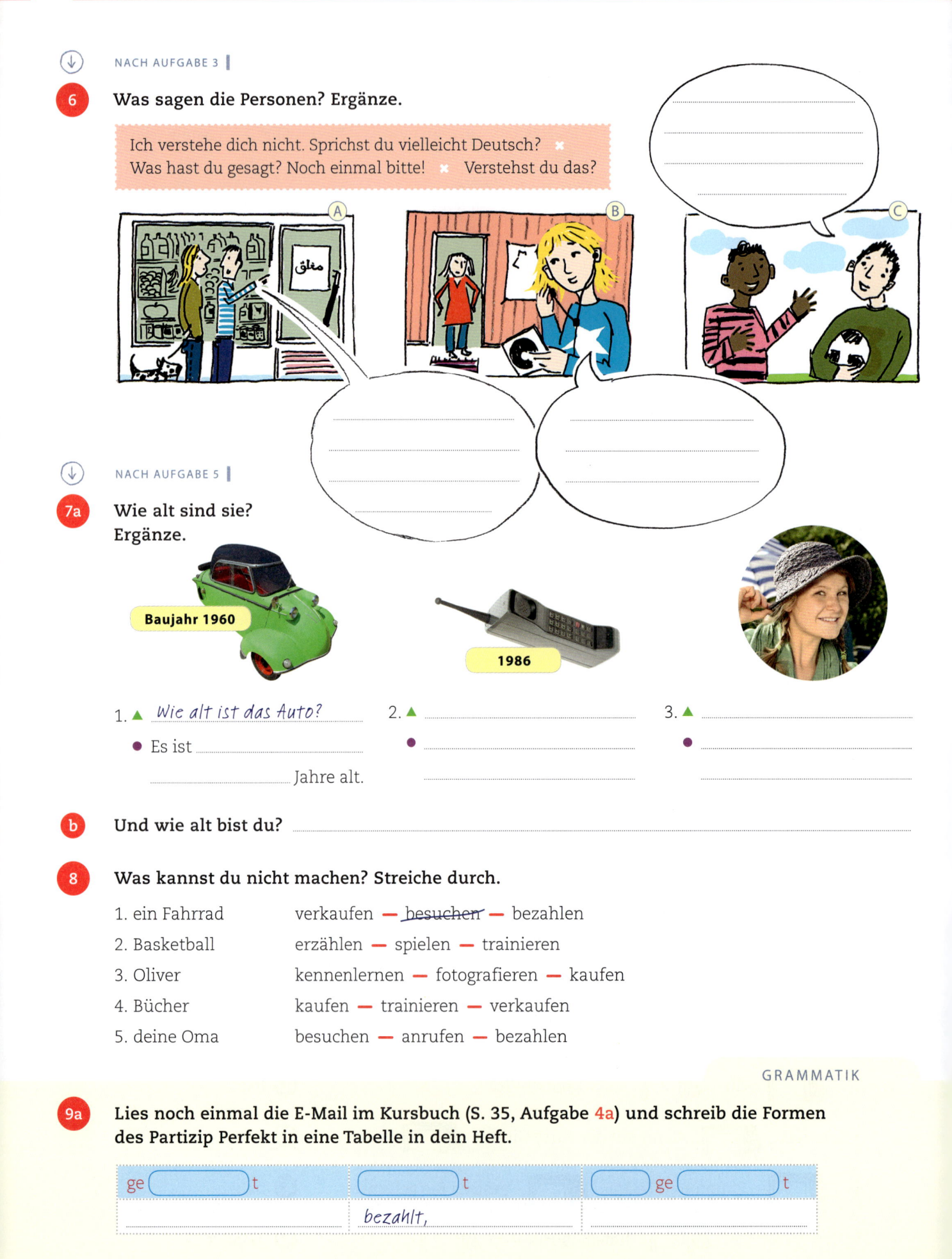

6 Was sagen die Personen? Ergänze.

> Ich verstehe dich nicht. Sprichst du vielleicht Deutsch?
> Was hast du gesagt? Noch einmal bitte!   Verstehst du das?

A   B   C

NACH AUFGABE 5

7a Wie alt sind sie? Ergänze.

Baujahr 1960

1986

1. ▲ _Wie alt ist das Auto?_   2. ▲ ___   3. ▲ ___
   • Es ist ___ Jahre alt.   • ___   • ___

b Und wie alt bist du? ___

8 Was kannst du nicht machen? Streiche durch.

1. ein Fahrrad — verkaufen — ~~besuchen~~ — bezahlen
2. Basketball — erzählen — spielen — trainieren
3. Oliver — kennenlernen — fotografieren — kaufen
4. Bücher — kaufen — trainieren — verkaufen
5. deine Oma — besuchen — anrufen — bezahlen

GRAMMATIK

9a Lies noch einmal die E-Mail im Kursbuch (S. 35, Aufgabe 4a) und schreib die Formen des Partizip Perfekt in eine Tabelle in dein Heft.

ge___t	___t	ge___t
	bezahlt,	

46 sechsundvierzig

b **Ergänze die Regel.**

	Infinitiv	Partizip Perfekt
regelmäßige Verben		ge_____t
	basteln →	

Verben mit
  Infinitiv auf -ieren
  den Vorsilben be-, ver-, er-
	fotografieren →
	bezahlen →
		_____t
		
		bezahlt

✂ trennbare Verben	mit|machen →	___ge___t

10 **Schreib die Verben im Perfekt in den richtigen Kasten in dein Heft.**

~~lachen~~ × abholen × telefonieren × aufräumen × duschen × nerven × erzählen × einkaufen × kochen × trainieren × bezahlen × malen × brauchen

ge____t	____t	___ge___t
ich habe gelacht,		

11 **Ergänze die Verben im Perfekt.**

Kati, Laura und Tante Julia waren auf dem Flohmarkt. Laura _hat_ Ohrringe _gekauft_ (1) (kaufen). Sie _____ nur zwei Euro _____ (2) (kosten). Eine Frau _____ T-Shirts, Blusen und Kleider _____ (3) (verkaufen). Das war für Kati natürlich interessant. Tante Julia _____ einen Ring für Kati _____ (4) (kaufen). Er ist ganz toll!

Auf dem Flohmarkt war auch ein Straßenkünstler. Er _____ Tricks mit Bällen _____ (5) (machen). Tante Julia _____ dann noch schnell im Supermarkt _____ (6) (einkaufen). Dann _____ sie _____ (7) (fragen): „Mädchen, _____ ihr mit Simon und Nico _____ (8) (telefonieren)? Kommen sie zum Konzert mit?"

12 **Ergänze *kennen* oder *kennenlernen* in der richtigen Form.**

> Wie heißt das in deiner Sprache? Übersetze.
> ● Kennst du Nico?
> ▲ Ja, ich habe ihn gestern kennengelernt.

1. ◆ _____ du Tom Cruise? ● Ja, natürlich.
2. ▲ Gestern habe ich eine Straßenkünstlerin _____. Sie heißt Cornelia Engel. ● Oh, interessant!
3. ◆ Möchtest du meine Cousine _____? Sie kommt morgen aus Wien.
   ■ Deine Cousine Kati? Ich glaube, ich _____ sie schon.
4. ▲ _____ Sie Frau Müller? Das ist Janinas Mutter. ● Guten Tag, Frau Müller.
5. ◆ _____ du das Spiel „Cluedo"? ■ Ja, meine Schwester spielt es oft mit ihrer Freundin.

15

NACH AUFGABE 7

13 Beschreib die Personen. Schreib in dein Heft.

klein ✕ groß ✕ schlank ✕ dick ✕ sportlich ✕ lang ✕ rot ✕ blond

Der Mann ist _____   Seine Haare sind _____

NACH AUFGABE 8

14 Was macht Nicki? Ergänze.

1. Nicki kocht.
2. _____
3. _____
4. _____
5. _____

15 Ergänze Dialog 1 mit den Vorgaben. Schreib dann selbst einen Dialog 2.

Na klar. Das ist doch leicht. ✕ Kannst du mir helfen? ✕ Ich verstehe die Mathe-Aufgabe nicht.

1.
● _____
◆ _____

2.
● _____
◆ _____

16 Was können sie gut? Ordne zu und schreib Sätze.

singen ✕ Modellschiffe basteln ✕ Englisch sprechen ✕ zeichnen

Wie heißt das in deiner Sprache? Übersetze.
Ich kann sehr gut Klavier spielen.
Ich kann morgen kommen.

Ⓐ Laura kann gut _____   Ⓒ _____
Ⓑ _____   Ⓓ _____

NACH AUFGABE 9

17 Was ist das Gegenteil? Verbinde.

gut | lang | schlank | interessant | intelligent | teuer | groß | leicht

dick | langweilig | schlecht | billig | dumm | klein | schwer | kurz

SCHREIBTRAINING

18a Lies den Text. Welche Informationen gibt „Kinoqueen" über ihren Lieblingsschauspieler? Kreuze an.

Kino & TV Forum

Kinoqueen
25. März

Hallo alle zusammen,
ich habe eine Frage: Wer ist dein absoluter Lieblingsschauspieler oder deine Lieblingsschauspielerin? Ich fange mal an: Mein Lieblingsschauspieler ist Daniel Craig. Ich finde ihn genial in „James Bond". Daniel Craig ist schlank, super muskulös und soooo sportlich. Seine Augen sind blau. Das finde ich so süß. Ich finde, er ist total sympathisch. Ich mag ihn einfach.
Und jetzt ihr!

○ Alter ○ Stadt ○ Augen ○ Figur (schlank, groß, …)
○ Name ○ Hobby ○ Film(e) ○ Charakter (sympathisch, …)

> Mach dir zuerst Notizen zu den einzelnen Themen. Schreib dann den Text.

b Was weißt du über deine Lieblingsschauspielerin / deinen Lieblingsschauspieler? Mach Notizen in dein Heft.

c Schreib nun eine Antwort an „Kinoqueen" in dein Heft.

AUSSPRACHE

19a Wortakzent bei Perfektformen: Hör zu, klopf mit und sprich nach.

1.
ich <u>tan</u>ze – du hast ge<u>tan</u>zt
ich <u>la</u>che – du hast ge<u>lacht</u>

2.
ich mache <u>mit</u> – du hast <u>mit</u>gemacht
ich räume <u>auf</u> – du hast <u>auf</u>geräumt

3.
ich be<u>su</u>che – du hast be<u>sucht</u>
ich ver<u>kau</u>fe – du hast ver<u>kauft</u>

4.
ich fotogra<u>fie</u>re – du hast fotogra<u>fiert</u>
ich telefo<u>nie</u>re – du hast telefo<u>niert</u>

> ich <u>tan</u>ze
> du hast ge<u>tan</u>zt

b Bildet Verformen wie in 19a. Sprecht und klopft zu zweit.

sagen – bezahlen – spielen – einkaufen – abholen – trainieren – erzählen

> ich <u>sa</u>ge
> du hast ge<u>sagt</u>

20 Satzakzent: Hör zu und sprich nach.

1. Laura hat ge<u>lernt</u>. Laura hat <u>Ma</u>the gelernt. Laura hat Mathe und <u>Bio</u> gelernt.
2. Wir haben <u>ein</u>gekauft. Wir haben <u>Saft</u> eingekauft. Wir haben Saft und <u>Brot</u> eingekauft.
3. Kati hat telefo<u>niert</u>. Kati hat mit <u>Laura</u> telefoniert. Kati hat mit Laura und <u>Nico</u> telefoniert.

15 Lernwortschatz

Das sind deine Wörter!

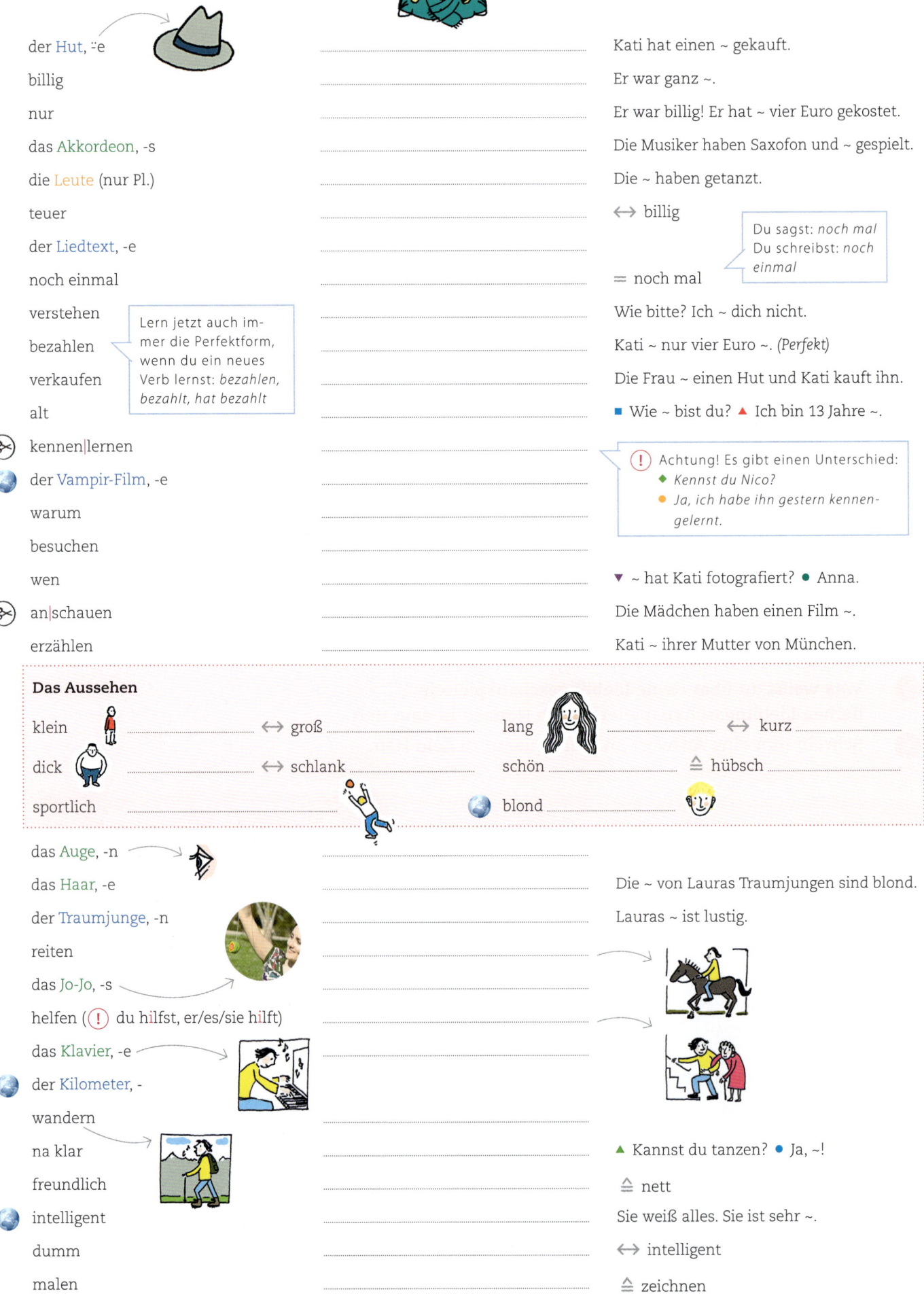

der Hut, ¨e		Kati hat einen ~ gekauft.
billig		Er war ganz ~.
nur		Er war billig! Er hat ~ vier Euro gekostet.
das Akkordeon, -s		Die Musiker haben Saxofon und ~ gespielt.
die Leute (nur Pl.)		Die ~ haben getanzt.
teuer		↔ billig
der Liedtext, -e		
noch einmal		= noch mal
verstehen		Wie bitte? Ich ~ dich nicht.
bezahlen		Kati ~ nur vier Euro ~. (Perfekt)
verkaufen		Die Frau ~ einen Hut und Kati kauft ihn.
alt		■ Wie ~ bist du? ▲ Ich bin 13 Jahre ~.
kennen|lernen		
der Vampir-Film, -e		
warum		
besuchen		
wen		▼ ~ hat Kati fotografiert? ● Anna.
an|schauen		Die Mädchen haben einen Film ~.
erzählen		Kati ~ ihrer Mutter von München.

Du sagst: *noch mal*
Du schreibst: *noch einmal*

Lern jetzt auch immer die Perfektform, wenn du ein neues Verb lernst: *bezahlen, bezahlt, hat bezahlt*

(!) Achtung! Es gibt einen Unterschied:
♦ Kennst du Nico?
● Ja, ich habe ihn gestern kennengelernt.

Das Aussehen

klein	↔ groß	lang ↔ kurz
dick	↔ schlank	schön ≙ hübsch
sportlich		blond

das Auge, -n		
das Haar, -e		Die ~ von Lauras Traumjungen sind blond.
der Traumjunge, -n		Lauras ~ ist lustig.
reiten		
das Jo-Jo, -s		
helfen ((!) du hilfst, er/es/sie hilft)		
das Klavier, -e		
der Kilometer, -		
wandern		
na klar		▲ Kannst du tanzen? ● Ja, ~!
freundlich		≙ nett
intelligent		Sie weiß alles. Sie ist sehr ~.
dumm		↔ intelligent
malen		≙ zeichnen

Training: Lesen

Lesen

> Das hier ist ein Blog. Überlege vor dem Lesen: Was schreiben Jugendliche in ihren Blogs? Was sind die Themen?

1a Lies die Texte und ordne die Bilder zu.

A   B   C   D

① Hi Leute, ich bin wieder da! ☺ Tut mir echt leid. Ich hatte in den Ferien keine Zeit zum Bloggen. Ich bin mit dem Zug nach Frankfurt gefahren und habe meinen Bruder besucht. (Die Fahrkarte hat zum Glück meine Mutter bezahlt, die war echt nicht billig!) Bis später!
Eingestellt von **karo1908** um 16:10
1 Kommentar

② Tom hat mich in Frankfurt am Bahnhof abgeholt. Und dann die blöde Überraschung: Ich habe die Tasche mit Toms Geschenk im Zug vergessen. So ein Mist!!!! ☹ Am Abend hat Tom noch gelernt – er studiert Architektur. Muss jetzt auch Mathe machen. ☹ Bis morgen!
Eingestellt von **karo1908** um 15:14
Keine Kommentare

③ Kennt ihr Frankfurt? Frankfurt ist so groß!!! Wir sind viel mit der U-Bahn gefahren und zu Fuß gelaufen. Die Stadt gefällt mir total gut. Die Fußgängerzone, die Geschäfte, die Flohmärkte, die Kinos, die Open-Air-Konzerte im Park und natürlich der Main … Es gibt Straßenkünstler, Musiker, Artisten. Da ist immer was los, und man kann so viel machen. (nicht so langweilig wie hier in Lübeck!)
Eingestellt von **karo1908** um 19:22
3 Kommentare

④ Ach ja, das hab ich noch vergessen: Tom hatte Samstag Geburtstag und hat eine Party im Park gemacht. Voll cool! Wir haben Musik gehört, gechillt und Tom hat dann noch Gitarre gespielt. Seine Freunde sind echt cool. Ich habe die ganze Zeit fotografiert. Wie findet ihr eigentlich die Fotos? Ja, ich weiß, sie sind nicht soooo super, ich hatte keine Kamera, nur mein Handy. Nächste Woche haben wir wieder Schule. ☹
Eingestellt von **karo1908** um 16:45
Keine Kommentare

b Was passt? Lies die Texte noch einmal und kreuze an.

	Karo	Tom	
1.	○	○	schreibt einen Blog.
2.	○	○	wohnt in Lübeck und fährt nach Frankfurt.
3.	○	○	hat am Bahnhof gewartet.
4.	○	○	hat am Abend gelernt.
5.	○	○	hat eine Tasche im Zug vergessen.
6.	○	○	findet Frankfurt toll.
7.	○	○	hatte Geburtstag und hat ein Fest gemacht.
8.	○	○	hat Gitarre gespielt.
9.	○	○	hat viele Fotos gemacht.

Training: Hören, Sprechen

Hören

2a Hör einen Beitrag im Radio. Was ist richtig? Kreuze an.

Was macht man in dem Workshop?
- a) zeichnen
- b) tanzen
- c) Gymnastik

> Konzentriere dich beim zweiten Hören auf die wichtigsten Informationen und die Zahlen.

b Lies die Sätze. Hör dann die Mitteilung noch einmal und kreuze an.

1. Der Workshop ist …
   - a) nur am Samstag.
   - b) nur am Sonntag.
   - c) am Samstag und Sonntag.

2. Kinder und Jugendliche im Alter von … Jahren können mitmachen.
   - a) 10–14
   - b) 12–15
   - c) 10–15

3. Die Kinder müssen … mitbringen.
   - a) Sportschuhe
   - b) Getränke und Snacks
   - c) ein T-Shirt und eine Gymnastikhose

4. Die Show für die Eltern ist am Sonntag um …
   - a) halb fünf.
   - b) halb sechs.
   - c) halb sieben.

Sprechen

3a Ihr wollt mit eurer Austauschklasse skypen. Das Thema ist: „Lieblingsplätze". Mach Notizen.

Wo?	im Park	auf dem _____platz	zu Hause	
Was?	– Fußball trainieren	– Skateboard fahren	– Freunde treffen	
	– Frisbee spielen	– Einrad fahren	– Cola trinken	

b Erzähle.

> Wir sind oft … oder … Da … wir … Manchmal …

> Notiere wichtige Wörter und Ausdrücke. Deine Notizen helfen dir dann beim Erzählen.

Das kannst du jetzt!

Mach die Übungen. Schau dann auf S. 89 und kontrolliere.
Kreuze an: ☺ Das kann ich sehr gut! / 😐 Das geht so. / ☹ Das muss ich noch üben.

1
Du machst eine Ferienreise. Dein Freund hat viele Fragen. Ergänze.

▲ Wohin fahrt ihr?   • *Nach* _____
▲ ☺ _____!
   Und zu wem fahrt ihr?   • _____
▲ ☺ _____!
   Und wann?   • _____
▲ Aha. Wie fahrt ihr denn?   • *Mit* _____

Ich kann über Reisen sprechen und positiv reagieren. ☺ 😐 ☹

2
Du möchtest deine Oma besuchen und telefonierst mit ihr. Sie hört nicht gut. Ergänze.

◆ Hallo Oma! Kann ich dich nächsten Samstag besuchen?
● Wie bitte? Was _____?
◆ Ich möchte _____.
● Ach so, du willst mich besuchen!
◆ Ja, der Zug fährt _____.
● Wie _____?

◆ Um _____
● Ach so.
◆ Ich muss _____ umsteigen.
● Noch _____!
◆ In _____.
   Oma, holst du _____ um
   in _____?
● Na klar!

Ich kann über Reisen mit dem Zug sprechen und sagen, dass ich etwas nicht verstanden habe. ☺ 😐 ☹

3
Deine Freundin gibt dir ein Geschenk. Was sagt sie? Was antwortest du?

● *Hier, ein* _____   ■ *Für* _____ *? Vielen* _____

Ich kann jemandem ein Geschenk geben und mich für ein Geschenk bedanken. ☺ 😐 ☹

4
Ein Austauschschüler fragt dich, was man in deiner Stadt machen kann. Was antwortest du?

Hier kann man _____

_____

_____

Ich kann sagen, was man in meiner Stadt alles machen kann. ☺ 😐 ☹

5
Du möchtest dich in einem Internet-Forum für Jugendliche vorstellen. Ergänze.

Das kann ich gut ☺: _____
Das kann ich nicht so gut ☹: _____

Ich kann über Fähigkeiten sprechen. ☺ 😐 ☹

Vor dem Essen schauen wir das Fahrrad an.

LEKTION 16

NACH AUFGABE 1

1 Was passt nicht? Streiche durch.

1. Das Konzert / Der Unterricht / Die Adresse ist aus.
2. Die Idee / Der Nachmittag / Der Pullover ist neu.
3. Wir haben / machen / erzählen Hausaufgaben.

NACH AUFGABE 2

GRAMMATIK

2a Schau die Bilder an und ergänze *vor* oder *nach*.

1. Tom frühstückt _vor_ der Schule.
2. Er isst _nach_ der Schule, aber _____ den Hausaufgaben.
3. Tom macht die Hausaufgaben _____ dem Essen, aber _____ dem Sport.

b Unterstreiche in 2a die Satzteile mit *vor* und *nach*. Ergänze dann die Regeln.

Wann? vor/nach + Dativ	vor/ nach	____ Sport ____ Essen _der_ Schule ____ Hausaufgaben

Präpositionen vor, nach

Die temporalen Präpositionen *vor* und *nach* stehen immer mit _____ .

3 Lies die Notizen des Reporters zu Jasper Japs' Tagesplan. Ergänze dann das Interview.

🎤 : Hallo, warst du jetzt schon joggen?

Jasper Japs: Ja, ich jogge immer _vor dem_ (1) Frühstück.

🎤 : Wie sieht denn dein Tag heute noch aus?

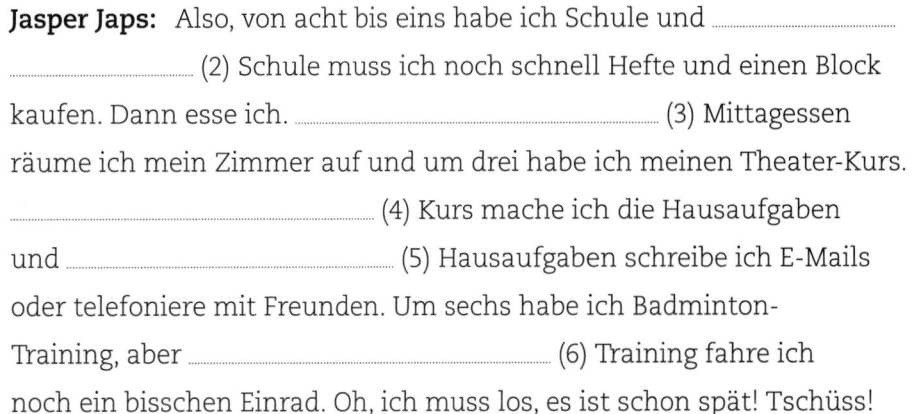

Jasper Japs: Also, von acht bis eins habe ich Schule und _____ (2) Schule muss ich noch schnell Hefte und einen Block kaufen. Dann esse ich. _____ (3) Mittagessen räume ich mein Zimmer auf und um drei habe ich meinen Theater-Kurs. _____ (4) Kurs mache ich die Hausaufgaben und _____ (5) Hausaufgaben schreibe ich E-Mails oder telefoniere mit Freunden. Um sechs habe ich Badminton-Training, aber _____ (6) Training fahre ich noch ein bisschen Einrad. Oh, ich muss los, es ist schon spät! Tschüss!

Tagesplan von: Jasper Japs
Montag
joggen
Frühstück
Schule (8.00–13.00)
Hefte + Block kaufen
Mittagessen
Zimmer aufräumen
Theaterkurs (15.00–16.00)
Hausaufgaben machen
E-Mails schreiben
telefonieren
Einrad fahren
Badminton (18.00)

NACH AUFGABE 3

4 Wie viel Uhr ist es? Ergänze.

~~fünf vor~~ × zwanzig vor × zehn nach × ~~Viertel nach~~ × zehn vor × Viertel vor

1. Es ist _fünf vor_ elf.
2. Es ist _Viertel nach_ sechs.
3. Es ist _____ zwei.
4. Es ist _____ zehn.
5. Es ist _____ zwölf.
6. Es ist _____ drei.

5 Ergänze die Antwort. Schreib die inoffiziellen Uhrzeiten.

1. Wie viel Uhr ist es? _Es ist zehn nach acht. / Zehn nach acht._ (08:10)
2. Wann kommt Anna? _Um_ _____ (16:45)
3. Wann ist die Schule aus? _____ (14:15)
4. Wie spät ist es? _____ (12:55)
5. Wann fährst du zu Laura? _____ (19:40)
6. Wann musst du aufstehen? _____ (06:50)
7. Wann essen wir? _____ (12:30)

NACH AUFGABE 6

6 Schreib die Zimmer/Orte richtig. Ergänze auch die Artikel.

1. Wir wohnen dort. — _die Wohnung_ — OWHNNGU
2. Mein Mantel ist dort. — _____ — LFRU
3. Wir kochen dort. — _____ — EÜCHK
4. Wir sehen dort zusammen fern. — _____ — HNMERWOMIZ
5. Im Sommer essen wir dort. — _____ — RASTERSE
6. Wir spielen dort Badminton. — _____ — TENGAR
7. Meine Eltern schlafen dort. — _____ — MERZIMFALHCS
8. Mein Bruder schläft und spielt dort. — _____ — DNIKREMERZIM
9. Du kannst dort deine Hände waschen. — _____ — ETTOILTE
10. Ich dusche dort. — _____ — ADB
11. Das Auto ist dort. — _____ — ARGEGA

fünfundfünfzig 55

7 Was passt zu *Wohnung*? Unterstreiche.

ordentlich × klein × schlank × chaotisch × schön × lang × intelligent × groß × teuer

NACH AUFGABE 10

8 Was ist richtig? Unterstreiche.

1. ◆ Ich mache jetzt die Spaghetti. Oder hast du noch keinen Hunger / Durst ?
2. ■ Huuh, ist das kalt! Warte, ich brauche meinen Mantel / Flur .
3. ▲ Horrorfilme kann ich nicht anschauen. Ich habe immer so viel Spaß / Angst .
4. ● Schau mal, Hektor möchte in den Garten, aber er findet die Garage / Tür nicht.
5. ▼ Kannst du mir helfen? Ich muss mein Fahrrad aufmachen / reparieren .
6. ● Ich habe Durst. Bringst / Zeigst du mir bitte ein Glas Wasser?

GRAMMATIK

9a Schau die Bilder an. Ordne dann die Sätze 1–6 zu.

1. Sarah und ihre Freundin sind im Garten.
2. Herr Müller ist in der Küche und kocht.
3. Florian geht ins Bad.
4. Sarah und ihre Freundin gehen in den Garten.
5. Florian ist im Bad.
6. Herr Müller geht in die Küche.

b Unterstreiche die Ortsangaben in 9a wie in den Beispielen. Ergänze dann die Tabelle.

Sarah und ihre Freundin sind <u>im Garten</u>. Sarah und ihre Freundin gehen <u>in den Garten</u>.

Präposition in + Dativ			Präposition in + Akkusativ		
Wo?	Er/Sie ist	*im* Garten.	Wohin?	Er/Sie geht	*in den* Garten.
		Bad.			Bad.
		Küche.			Küche.

c Ergänze die Regel.

Wo? in + _____   Wohin? in + _____

Denk dran: Du schreibst und sagst *im* und *ins*.

10 Was passt? Ergänze wo oder wohin. Ergänze auch die Antworten.

ins Kino × ~~in der Stadt~~ × im Kino am Bahnhof × ins Café Kosmos

_Wo_ seid ihr?	14.02
In der Stadt. Wir haben ein Geschenk für Mario gekauft.	14.04
Und was macht ihr jetzt?	14.06
Wir gehen _____. Kommst du mit? Der Film fängt um halb drei an.	14.09
Ja, super! Wann und _____ treffen wir uns?	14.10
Um 15:00. _____.	14.11
Okay. Und _____ gehen wir nach dem Kino?	14.12
_____ vielleicht? Da gibt es super Musik.	14.15

11 Ergänze in und den Artikel in der richtigen Form.

1. ■ Wo ist denn meine Jacke? ▲ Ich glaube, sie ist _im_ Flur.
2. ◆ Wohin gehst du? ● _____ Supermarkt. Wir brauchen Milch.
3. ▼ Bringst du bitte das Skateboard _____ Garage? ● Ja, gleich.
4. ▲ Ist Daniel nicht da? ▲ Nein, er ist _____ Bibliothek.
5. ● Kannst du Papa bitte helfen? ◆ Er möchte den Sessel _____ Schlafzimmer bringen.
6. ▲ Wo ist Clara denn? ▲ _____ Küche. Sie macht einen Kuchen.
7. ● Ist Moritz _____ Garten? ● Nein, er ist _____ Bad und duscht.

NACH AUFGABE 11

12 Finde noch vier Wörter zum Thema Tiere. Lies dann den Text und ergänze die Wörter.

FALKS(HAUSTIER)MRSAZANHUNDIMELEPFERDWAZEBAVJKATZEHGENDTIERHFM

THEMA: Hast du ein _Haustier_ (1)?

Kitty 243 member — Ich habe eine _____ (2). Sie ist acht Wochen alt und total süß.

Cocker member — Ich möchte so gern einen _____ (3), aber meine Eltern sagen, ich habe keine Zeit. ☹

Charly03 guest — So ein _____ (4) macht viel Arbeit. Ich treffe lieber meine Freunde.

Flicka-Fan member — Ich habe eine Frage: Ich habe ein _____ (5) und suche jetzt einen Trainer. Wer kann mir helfen?

13 Was passt? Ergänze die Verben in der richtigen Form.

bekommen ✖ spazieren gehen ✖ kaputt sein ✖ füttern

1. ● Möchtest du mit mir die Pferde _____? ■ Oh ja, gern!
2. ◆ Hektor hat morgen Geburtstag, nicht? ▲ Ja, er _____ auch ein Geschenk.
3. ▲ Du musst mit deinem Hund viel _____. ● Ja, das mache ich.
4. ■ Der Computer _____. ● Ja, ich weiß. Wir müssen ihn reparieren.

NACH AUFGABE 12

GRAMMATIK

14a Lies den Tipp. Was machen die Jugendlichen regelmäßig? Ergänze dann die Endungen bei den Zeitangaben wie im Beispiel.

> Wir besuchen jed_____ Wochenende meine Oma.

> Meine Familie und ich fahren jed_____ Sommer nach Italien.

> Jed _e_ Woche gehe ich zum Volleyball.

Tipp: Du kennst schon die Zeitangaben mit *nächsten/nächstes/nächste*. Die Zeitangaben mit *jeden/jedes/jede* werden genauso gebildet.

b Unterstreiche die Zeitangaben in 14a und ergänze dann die Regel.

Wie oft?

jed_____ Tag/Monat/Sommer
jed_____ Wochenende/Jahr
jed_____ Woche/Stunde

15a Lies das Quiz und ergänze *jed-* in der richtigen Form.

Ein Herz ♥ für Tiere

1. Wie oft muss man eine Katze füttern? ⓐ _Jede_ Stunde. ⓑ Zweimal pro Tag.
2. Wie oft muss man eine Katze waschen? ⓐ Nie. ⓑ _____ Monat.
3. Wie lange kann eine Katze leben? ⓐ Zwanzig Monate. ⓑ Zwanzig Jahre.
4. Wie oft muss eine Katze zum Arzt? ⓐ _____ Jahr. ⓑ Nie.

Lösung: 1b, 2a, 3b, 4a

b Beantworte dann die Quiz-Fragen. Was ist richtig, ⓐ oder ⓑ? Kreuze an.

16 Ergänze.

oft ✖ manchmal ✖ nie ✖ ~~immer~~ ✖ meistens

immer → _____ → _____ → _____ → _____

17 Schau in den Wochenplan. Unterstreiche …mal in den Sätzen 1–4 wie im Beispiel. Korrigiere dann die Sätze.

Name: Clara Beck					
	Montag	Dienstag	Mittwoch	Donnerstag	Freitag
14.00 – 15.00	Computerkurs			Computerkurs	
15.00 – 16.00		Tanzgruppe			
16.00 – 17.00			Gitarre		
18.00 – 19.00	Schwimmkurs		Schwimmkurs		Schwimmkurs

1. Clara hat zweimal pro Woche Gitarre. _einmal_
2. Sie hat dreimal pro Woche Computerkurs. ....
3. Sie hat einmal pro Woche Schwimmkurs. ....
4. Sie hat zweimal pro Woche Tanzgruppe. ....

> Das ist ganz einfach: einmal, zweimal, dreimal, …, pro Woche/Jahr

18 Und du? Wie oft machst du das? Schreib Sätze in dein Heft wie im Beispiel.

~~spazieren gehen~~ ✕ Vokabeln lernen ✕ zu meinen Großeltern fahren/gehen ✕ mit der Familie in Urlaub fahren ✕ ein Klassenfest machen ✕ einkaufen ✕ mein Bett machen ✕ mein Zimmer aufräumen ✕ fernsehen ✕ Sport machen

Ich gehe einmal pro Woche spazieren.

AUSSPRACHE

19 n – ng – nk: Hör zu und sprich nach.

n →	Mann	ins	schreiben	können	seine	Antwort
ng →	Frühling	Junge	England	Zeitung	Angst	langweilig
nk →	danke	links	Onkel	Geschenk	trinken	denken

20 Hör zu und sprich nach.

1. **n–ng**
Lehrerin – Ring
Mund – Übung
sind – sing
Land – lang
Hund – Hunger

2. **n–nk**
denn – denken
in – trink
dann – Dank
ins – links
an – Anka

3. **ng–nk**
bring – bringen
sing – singen
trink – trinken
denk – denken
schenk – schenken

> sin(g)en trinken

21 Hör zu und sprich nach.

Inges Hund Anka

▼ Entschuldigung. ● Ja bitte?
▼ Ist das Inge Mengels Wohnung? ● Nein.
▼ Wohnt Inges Onkel Frank aus England vielleicht hier?
● Keine Ahnung. Wer sind Sie?
▼ Inke Wenger und das ist Anka, Inges Hund.
● Aha. ▼ Und wie heißen Sie?
● Frank Bunge. Möchten Sie vielleicht etwas trinken?
▼ Nein, danke, ich nicht, aber der Hund.
● Na, dann komm, Anka! Hast du vielleicht auch Hunger?

16 Lernwortschatz

Das sind deine Wörter!

aus sein — Es ist 13 Uhr. Die Schule ~.

Es gibt verschiedene Ausdrücke mit sein. Du kennst schon: einverstanden sein, los sein, da sein …

neu — Lukas ist ~ in der Klasse.

Die Uhrzeiten
vor — Es ist fünf ~ neun. 
nach — Es ist fünf ~ neun. 
(das) Viertel, - — Es ist ~ nach eins.

die Hausaufgabe, -n — Simon macht vor dem Essen die ~.
die Vokabel, -n
frühstücken — Ich ~ immer um sieben Uhr.
chaotisch — Lukas' Zimmer ist ein bisschen ~.
ordentlich — ↔ chaotisch

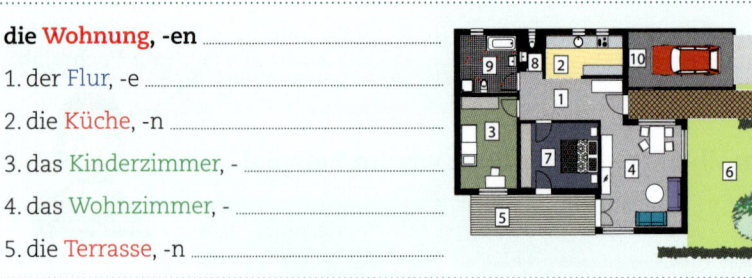

die Wohnung, -en
1. der Flur, -e
2. die Küche, -n
3. das Kinderzimmer, -
4. das Wohnzimmer, -
5. die Terrasse, -n
6. der Garten, ⸚
7. das Schlafzimmer, -
8. die Toilette, -n
9. das Bad, ⸚er
10. die Garage, -n

der Hunger (nur Sg.)
reparieren — Lukas ~ die Lampe ~. *(Perfekt)*
die Angst, ⸚e — Simon hat ~.
die Tür, -en
auf|machen — Simon ~ die Tür ~.
bringen — Lukas ~ das Fahrrad in die Garage.
der Mantel, ⸚
der Chat, -s

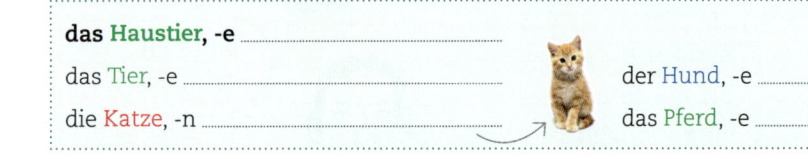

das Haustier, -e
das Tier, -e
die Katze, -n
der Hund, -e
das Pferd, -e

bekommen — Wie oft ~ dein Hund Futter?
einmal/zweimal — = 1x/2x
nie — immer → meistens → oft → manchmal → nie
pro — Der Hund bekommt zweimal ~ Tag Futter.
jeden/jedes/jede — Lukas geht ~ Tag in die Schule.
spazieren gehen — Du musst mit deinem Hund ~.
(die) Minute, -n — Eine Stunde hat sechzig ~.
kaputt
sauer — Ich bin ~!
egal — Das ist mir ~.
füttern — Lukas ~ seinen Hund.

Lern Wortfamilien immer zusammen: das Futter – füttern

Schöne Ferien!

17 LEKTION

NACH AUFGABE 1

1 Findest du das schön oder nicht? Ergänze + oder –.

1. ○ krank sein
2. ○ Picknick machen
3. ○ es ist kalt
4. ○ die Jacke vergessen
5. ○ Fische angeln
6. ○ schnell Freunde finden
7. ○ 10 Kilometer wandern
8. ○ es ist warm
9. ○ einen Cache mit dem GPS-Gerät suchen

2 Was passt? Ergänze.   kalt × viel × ~~warm~~ × schnell × krank

1. ● Es ist so _warm_! Ich möchte ein Eis.
2. ◆ Möchtest du deine Jacke? Es ist _____.
3. ● Wie geht's? ▲ Nicht so gut. Ich glaube, ich bin _____.
4. ◆ Möchtest du ein Glas Orangensaft?
   ■ Nein, danke. Ich habe schon so _____ Wasser getrunken.
5. ▲ Der Bus ist _____ gefahren. In zehn Minuten waren wir im Camp.

NACH AUFGABE 2

GRAMMATIK

3a Lies noch einmal die Texte im Kursbuch (S. 48, Aufgabe 2a) und schreib die Verben im Perfekt in eine Tabelle in dein Heft.

👤 *Hilfsverb* haben	🏃→□ *Hilfsverb* sein
Wir haben gelernt	wir sind gefahren
...	...

b Ergänze die Regel.

Perfekt mit dem Hilfsverb
👤 _____

Perfekt mit dem Hilfsverb
🏃→□ _____

> Wenn du dir unsicher bist, kannst du immer in der Liste auf S. 86 nachschauen.

4 Ergänze *haben* oder *sein* in der richtigen Form.

① **Feriencamp am Wannsee**

Meine Freundinnen _____ jeden Nachmittag im See geschwommen, aber das Wasser war so kalt, brrr! Einmal _____ wir sogar um den See gelaufen. Ich _____ am Strand Musik gehört und ich _____ drei Bücher gelesen. Das war auch o.k. 😐 **Vanessa, 12**

② **Streetdance-Camp in Wien**

Wir _____ jeden Tag drei Stunden getanzt. Das war schön! Ich _____ auch schnell Freundinnen gefunden. Am letzten Tag _____ wir zum Prater gegangen. Total cool! **Tina, 12**

③ **Skatertreffen für Jugendliche von 11 bis 16 in Mühlhausen**

Das _hat_ total viel Spaß gemacht. Wir _____ natürlich jeden Tag Skateboard gefahren. Aber wir _____ auch viel Fußball gespielt und einmal _____ wir auch drei Stunden gewandert. **Felix, 13**

einundsechzig **61**   **Lukas**

17

NACH AUFGABE 3

> Du findest die Liste der unregelmäßigen Verben mit Partizipien auf -en auf Seite 86. Lern sie auswendig.

GRAMMATIK

5 Schau noch einmal die Verben in **3a** an und schreib die Formen des Partizip Perfekt mit *-en* in eine Tabelle in dein Heft.

ge(_____)en	(_____)en	ge(_____)en
geschrieben,		

6a Ergänze die Infinitive.

vergessen ✗ trinken ✗ kommen ✗ ~~finden~~ ✗ singen ✗ sprechen ✗ gehen ✗ schreiben ✗ essen ✗ schwimmen

1. wir haben gefunden — *finden*
2. er ist geschwommen — _____
3. wir haben gesprochen — _____
4. sie haben gegessen — _____
5. ich habe getrunken — _____
6. er ist gekommen — _____
7. sie hat gesungen — _____
8. ihr habt vergessen — _____
9. du bist gegangen — _____
10. sie haben geschrieben — _____

b Ergänze passende Verben aus **6a** im Perfekt.

1. ■ Auf der Party *haben* wir Pizza *gegessen* und wir _____ Cola _____.
2. ◆ Um halb fünf _____ Simon _____. Aber er hatte nicht viel Zeit. Deshalb _____ er um fünf wieder _____.
3. ▼ Oh, ich _____ meine Tasche im Bus _____. So ein Pech!
4. ▲ Lisa, ist das dein Handy? Ich _____ das Handy in der Schule _____.
5. ● Ich _____ mit Nico _____. Ich habe eine Stunde mit ihm telefoniert.

7 Ergänze die passenden Verben im Perfekt.

üben ✗ warten ✗ schreiben ✗ finden ✗ spielen ✗ ~~lernen~~ ✗ kommen ✗ suchen

Paul hat immer Pech!

1. 💣 Er *hat* drei Tage Mathe *gelernt*, aber dann _____ er eine Fünf _____.
2. 💣 Er _____ viel Gitarre _____, aber auf dem Konzert _____ er sehr schlecht _____.
3. 💣 Er _____ Mira _____, aber er _____ sie nicht _____.
4. 💣 Er _____ zwei Stunden _____, aber der Zug _____ nicht _____.

Lukas   62 zweiundsechzig

8 Verbinde die Gegenteile.

interessant — langweilig
warm — kalt
alle — niemand
super — furchtbar

9 Passt das zu *Schule* oder zu *Ferien*? Ergänze.

der Unterricht × angeln × die Reise ×
die Klasse × lernen × wandern ×
der Strand × das Feriencamp

Schule

Ferien

NACH AUFGABE 6

GRAMMATIK

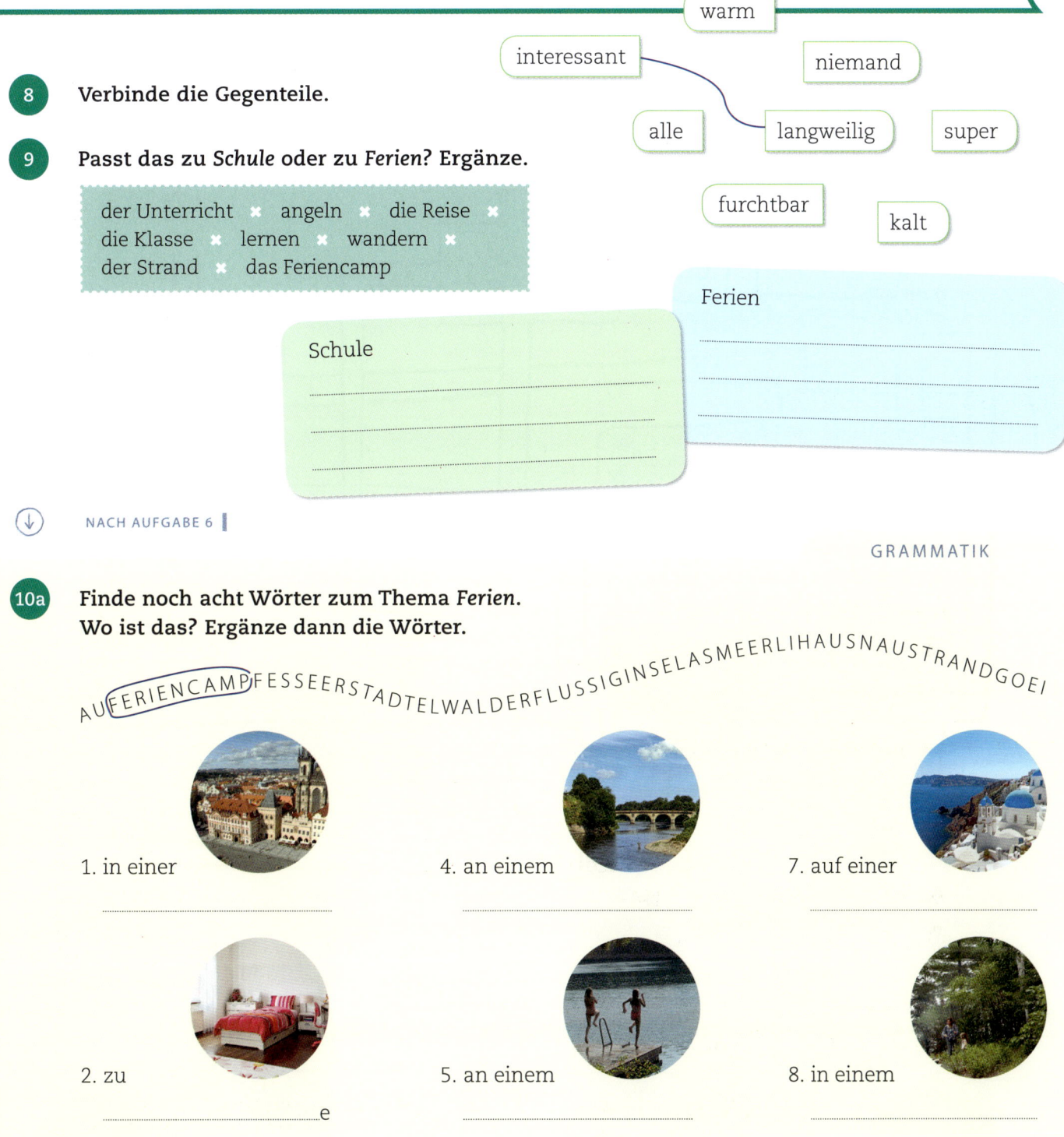

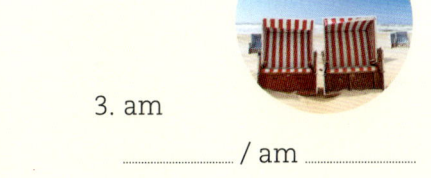

10a Finde noch acht Wörter zum Thema *Ferien*.
Wo ist das? Ergänze dann die Wörter.

AU**FERIENCAMP**FESSEERSTADTELWALDERFLUSSIGINSELASMEERLIHAUSNAUSTRANDGOEI

1. in einer

2. zu _____e

3. am _____ / am _____

4. an einem

5. an einem

6. in einem *Feriencamp*

7. auf einer

8. in einem

b Welche Präposition passt? Ergänze die Regel.

17

11 Lös die Aufgaben und finde den Weg durch das Labyrinth. Welcher Ausgang ist richtig?

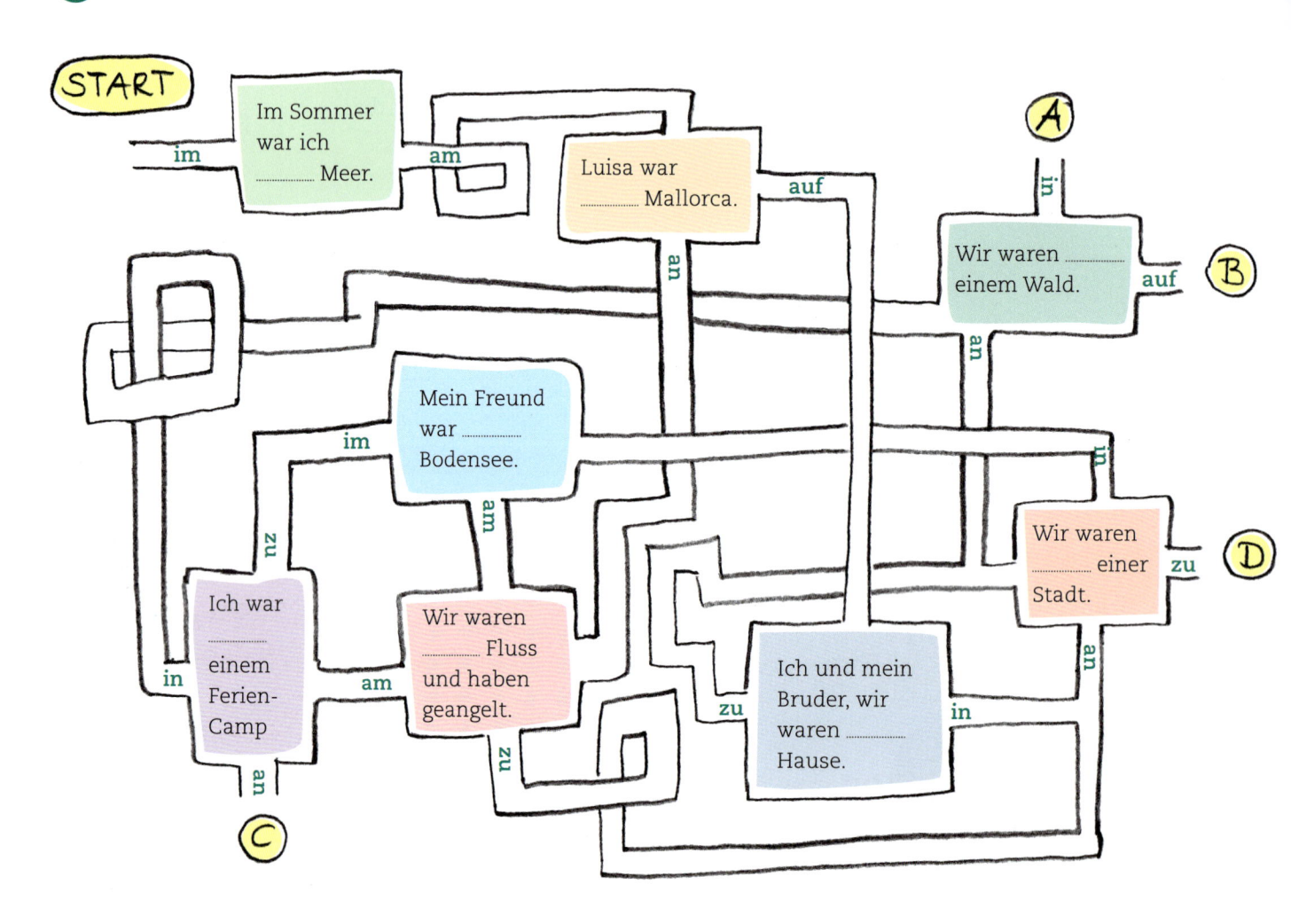

START

- Im Sommer war ich _____ Meer. (im / am)
- Luisa war _____ Mallorca. (auf / an)
- Wir waren _____ einem Wald. (in / auf)
- Mein Freund war _____ Bodensee. (im / am / an)
- Wir waren _____ einer Stadt. (in / zu / an)
- Ich war _____ einem Ferien-Camp. (zu / in / an)
- Wir waren _____ Fluss und haben geangelt. (am / zu)
- Ich und mein Bruder, wir waren _____ Hause. (zu / in)

Ausgänge: A, B, C, D

NACH AUFGABE 8

GRAMMATIK

12a Lies den Dialog und unterstreiche alle Ortsangaben in der Artikelfarbe wie im Beispiel.

– Warum möchtest du jeden Sommer in eine Stadt fahren? Das ist doch langweilig. Fahr doch lieber in ein Feriencamp oder in einen Wald.

– Nein, ich finde Städte toll. In einer Stadt kann man viel sehen und einkaufen. Das kann man in einem Feriencamp nicht und auch nicht in einem Wald.

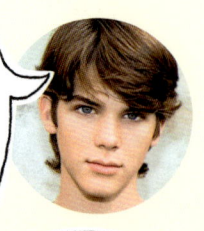

b Schreib die markierten Ortsangaben in die richtige Spalte.

Präposition mit Dativ	Präposition mit Akkusativ

Du kennst schon *in* + Dativ und Akkusativ auf die Fragen *wo* und *wohin* aus Lektion 16.

13a Wo möchte Nickis Familie Ferien machen? Verbinde. Es passen auch mehrere Lösungen.

A Nicki — B Vicki — C Micki
Schwarzwald · Meer · Stadt · Fluss · Haus · Insel

D Nickis Opa — E Nickis Mutter — F Nickis Oma

Es heißt: *zu* Hause bleiben.
Aber es heißt: *nach* Hause gehen.

b Schreib Sätze wie im Beispiel in dein Heft. *Nicki möchte ans Meer fahren. Am Meer kann er ...*

14 Ergänze die Präpositionen, Artikel und Endungen.

Schwarzwald

Schlosspark Nymphenburg in München

1. ■ Wohin fährst du in den Ferien?
   ◆ Ich möchte *ans* Meer fahren, _____e_____ Insel. Aber meine Eltern wandern gern. Sie möchten _____d_____ Schwarzwald fahren. Wandern ist langweilig.
   ■ Aber du kannst doch _____ Wald Mountainbike fahren.

2. ▲ Kommst du mit? Ich gehe _____d_____ Park.
   ● Nein, keine Lust. Ich möchte einen Film sehen.
   ▲ Gehst du _____ Kino?
   ● Nein, ich bleibe _____ Hause.

NACH AUFGABE 10

15 Wann macht Laura das? Verbinde wie im Beispiel und schreib dann Sätze in dein Heft.

Winter · Sommer · Herbst · Frühling
wandern · tauchen · Ski fahren · klettern

Im Herbst ...

GRAMMATIK

16a Ergänze die Monate im Kalender.

Januar		März			
Skiferien mit Opa		Konzert mit Band			
Juli	August	September			Dezember
Feriencamp	Rostock!	Schule ☹			Wettbewerb Modellschiffe

fünfundsechzig 65

b **Beantworte die Fragen.**

1. Wann geht Nico ins Feriencamp?   Im
2. Wann fährt Nico nach Rostock?
3. Wann fängt die Schule wieder an?
4. Wann hat Nico ein Konzert mit der Band?
5. Wann ist der Wettbewerb für Modellschiffe?

c **Ergänze die Regel.**

Bei Jahreszeiten und Monaten steht die Präposition ....

NACH AUFGABE 12

GRAMMATIK

17 **Was passt zusammen? Verbinde.**

ich — will

ihr   willst   wir   sie/Sie   wollt

du   will   wollen   er/es/sie   wollen

18 **Ergänze *wollen* in der richtigen Form.**

1. ▲ _____ Sie zum Bus? Dort ist die Haltestelle.
2. ■ _____ ihr im Sommer ins Feriencamp am Ammersee?
   ◆ Nein. Ich _____ zu Hause bleiben.
   Und Anne _____ mit ihrer Freundin einen Tauchkurs machen.
3. ● Wir gehen morgen zum Konzert. _____ du mitkommen?
4. ▼ Nein, Mama. Wir _____ keinen Fisch. Mach doch bitte Spaghetti.

AUSSPRACHE

19 **sch: Hör zu und sprich nach.**

1. **Sch**ule   **Sch**iff   Fi**sch**   fal**sch**   du**sch**en   Ta**sch**e
2. **sch**lafen   **sch**lecht   **sch**mecken   **Sch**merz   **sch**nell   **sch**reiben
3. **Sch**wimmbad   **sch**wimmen   **sch**warz   **sch**wer   Ge**sch**wister   **Sch**weiz

20 **Zungenbrecher: Hör zu und sprich nach.**

1. Schöne Schwestern aus der Schweiz schlafen schlecht.
2. Französische Schüler schreiben mit schwarzen Kugelschreibern.
3. Schau mal, die sympathische Schweizerin schenkt uns Schokolade.
4. Schade! Fisch schmeckt mir nicht. Ich esse lieber Fleisch.

Lernwortschatz 17

Das sind deine Wörter!

das Feriencamp, -s — Lukas fährt ins ~.

Orte in der Natur

der Wald, ⸚er

der See, -n

der Fluss, ⸚e

der Strand, ⸚e

die Insel, -n

das Meer, -e

die Stadt, ⸚e

zu Hause sein — Du bist *zu Hause*, aber du gehst *nach Hause*.

das Programm, -e — Meine Gruppe hat Texte für ein Radio ~ geschrieben.

der Jugendliche, die Jugendliche, -n — Das Sprachcamp ist für ~ von 11 bis 16.

der Unterricht (nur Sg.) — Nach dem ~ waren wir am Strand.

das Sprachcamp, -s — Henrik hat im ~ Englisch gelernt.

die Klasse, -n — Lukas geht in die siebte ~.

warm — ↔ kalt

viel — ↔ wenig

vergessen (❗ du vergisst, er/es/sie vergisst) — ◆ Wo ist deine Jacke? ● Oh nein, ich ~ sie im Bus ~. *(Perfekt)*

krank — ↔ gesund

das Picknick, -s

angeln — Wir haben Fische ~.

grillen

das Geocaching (nur Sg.)

der Cache, -s

das Gerät, -e — Wir haben den Cache mit dem GPS- ~ gesucht.

suchen — Sie ~ den Cache.

zurück|gehen — Wir sind zu Fuß ~.

gar nichts

das Kamel, -e

Ägypten (nur Sg.) — Ich fahre nach ~.

mit|fahren

bleiben — ■ Wie lange ~ ihr bei Lukas? ▲ Bis halb neun.

wollen (❗ ich will, du willst, er/es/sie will) — ◆ Lukas ~ Geocaching machen.

alle — ↔ niemand

mit wem — ● ~ willst du ins Feriencamp fahren? ▼ Mit meinem Bruder.

Lukas hat Geburtstag.

LEKTION 18

NACH AUFGABE 1

1a Finde noch neun Wörter zum Thema *Schule*.

L	O	S	C	H	U	L	E	M	M	O	S	V
T	U	J	P	A	E	S	C	H	Ü	L	E	R
B	M	P	L	U	K	T	F	R	F	A	C	H
K	T	A	M	S	E	N	T	R	E	D	I	T
L	A	U	N	A	D	O	R	P	H	S	S	E
A	H	S	T	U	G	T	I	L	L	Z	T	A
S	N	E	V	F	K	E	L	M	E	E	P	B
S	E	N	L	G	P	R	D	S	R	N	A	N
E	R	I	S	A	T	D	M	N	U	F	G	A
T	M	G	H	B	L	L	E	H	R	E	R	E
Z	N	I	M	E	G	J	D	S	R	U	L	V
I	T	K	U	N	T	E	R	R	I	C	H	T

b Was passt? Ergänze im Text.

Fehler × Klassenarbeit × Note × Pause × Schüler

Viele .... (1) lernen nicht richtig!

Ihr schreibt eine .... (2) Du hoffst, du schreibst keine Fünf? So lernst du richtig: Schau deine Hausaufgaben an. Mach sie noch einmal neu. Du machst noch .... (3)? Dann lies noch mal die Texte im Buch. Arbeite eine Stunde, mach dann eine .... (4) und iss ein bisschen Obst. Arbeite dann weiter. Du schreibst bestimmt eine super .... (5)!

NACH AUFGABE 2

GRAMMATIK

2a Was passt? Verbinde.

1. ■ <u>Welcher</u> Lehrer ist —— a) du blöd? ♦ Meinen Musiklehrer.
2. ■ Welchen Lehrer findest — b) cool? ♦ Herr Schmidt.
3. ■ Welches Fach ist — c) du schwer? ♦ Physik und Chemie.
4. ■ Welche Note hast — d) dein Lieblingsfach? ♦ Mathe.
5. ■ Welche Fächer findest — e) du in Englisch? ♦ Eine Zwei.

b Unterstreiche die Frageartikel in **2a** wie im Beispiel und ergänze die Tabelle.

Frageartikel welch-			
Nominativ		Akkusativ	
Welcher	Lehrer ist …?		Lehrer findest du …?
	Fach	*Welches*	Fach
Welche	Note		Note
Welche	Fächer sind …?		Fächer

Du musst beim Akkusativ maskulin auf das **n** achten (*welchen*). Alle anderen Formen sind wie im Nominativ.

SCHREIBTRAINING

3 Lies den Text und ergänze *welch-* in der richtigen Form.

Hogwarts13
21. Juni

Hallo Leute, ich möchte gerne wissen:
_____(1) Fächer findet ihr cool?
Ich mag Mathe und Sport total gern, aber Geschichte finde ich auch ziemlich interessant.
Sport haben wir immer am Mittwoch, deshalb ist das mein Lieblingstag. Und am Montag habe ich am Nachmittag frei, deshalb finde ich Montag auch sehr cool. Und _____(2) Tag mögt ihr gern?
In Englisch lesen wir übrigens gerade *Gullivers Reisen* von Jonathan Swift. Ich finde es ziemlich lustig. Und in Deutsch lesen wir *Krabat* von Otfried Preußler. Das gefällt mir auch total gut! _____ (3) Buch lest ihr denn gerade im Unterricht?
gesendet am 21.6.

antworten

4a Unterstreiche in 3 wie im Beispiel *ziemlich*, *sehr*, *total* und das Adjektiv/Adverb.

Ich mag Mathe und Sport <u>total gern</u>, ...

b Und wie findest du Montage? Kreuze an.

Ich finde Montage
- ziemlich cool. ☺
- ziemlich doof. ☹
- sehr cool. ☺☺
- sehr doof. ☹☹
- total cool. ☺☺☺
- total doof. ☹☹☹

5 Kombiniere die Adjektive mit *ziemlich*, *sehr* oder *total* und schreib die Sätze in dein Heft.

1. Ich finde Mathe <u>sehr interessant, aber auch ziemlich schwer</u>.
2. Deutsch finde ich <u>ziemlich leicht und total cool.</u>
3. James Bond-Filme finde ich ...
4. Meine Schule ist ...
5. Meine Stadt ist ...
6. Meine Familie ist ...

schwer • leicht •
blöd • langweilig •
klein • groß •
schön • alt • neu •
lustig • verrückt

6a Lies noch einmal den Text in 3 und unterstreiche die Fragen.

<u>Welche Fächer findet ihr cool?</u>

b Antworte auf die Fragen und schreib einen Forumsbeitrag in dein Heft.
Verbinde deine Sätze auch mit *und*, *aber* und *deshalb*.

7 Ergänze *wer*, *wen*, *wem* oder *welch-* in der richtigen Form.

1. ● <u>Welches</u> Tier kann in der Nacht sehen? ■ Die Katze.
2. ♦ _____ lädst du zu deiner Party ein? ▲ Alle meine Freunde.
3. ▲ _____ Bus fährt zum Bahnhof? ● Die Linie 10.
4. ▲ _____ kommt morgen zum Training? ● Wir kommen alle.
5. ♦ Zu _____ gehst du, Simon? ■ Zu Lukas. Die Schule war heute schon früh aus.
6. ▼ Anna spielt mit Rita, Luca spielt mit Jonas. Und _____ spielt mit mir?
7. ● _____ Sprachen sprichst du? ▲ Deutsch, Englisch und Spanisch. Und du?
8. ▲ Für _____ sind die Geschenke? ▲ Für Lukas.

Du weißt schon: *welch-* steht immer mit einem Nomen, z. B. *Welcher Lehrer ...?*

NACH AUFGABE 4

GRAMMATIK

8a Wer hat wann Geburtstag? Ergänze die Monate und die Namen.

- 19. Juli — David
- 8. November — Sophie
- 2. Dezember — Jana
- 12. Mai — Patrick
- 20. September — Melanie
- 31. März — Alex

1. Am zweiten _Dezember_: _Jana_
2. Am neunzehnten _____: _____
3. Am zwanzigsten _____: _____
4. Am einunddreißigsten _____: _____
5. Am achten _____: _____
6. Am zwölften _____: _____

b Unterstreiche in 8a beim Datum die Präposition und die Endung und ergänze die Regel.

Datum: Ordinalzahlen

Wann? → _am_ (Zahl 1 bis 19) _ten_ / _____ (Zahl 20 bis 31) _____

- 1. MÄRZ — am ersten (!)
- 3. JANUAR — am dritten
- 7. NOVEMBER — am siebten
- 8. DEZEMBER —

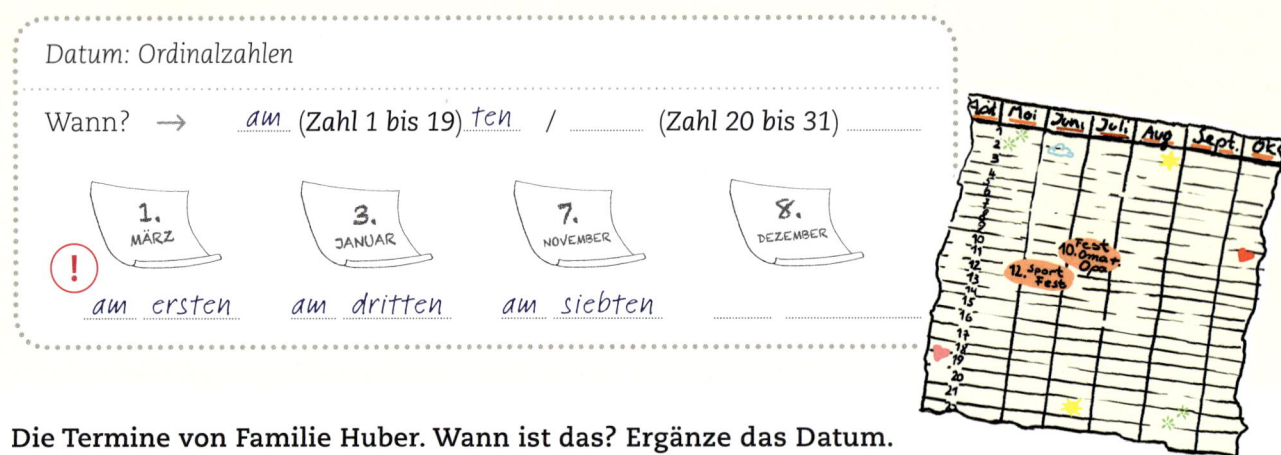

9 Die Termine von Familie Huber. Wann ist das? Ergänze das Datum.

1. Susanne Huber: _Am zwölften Juni_ haben wir ein Sportfest. (12.6.)
2. Thomas Huber: _____ spielt meine Lieblingsband im Chaos-Café. (27.2.)
3. Susanne Huber: _____ machen Oma und Opa ein Fest. (10.7.)
4. Frau Huber: _____ fängt mein Englischkurs an. Er ist _____ zu Ende. (5.9. – 3.10.)
5. Thomas Huber: _____ schreiben wir eine Klassenarbeit. (30.4.)
6. Herr und Frau Huber: Wie schön, _____ haben wir frei! (1.5.)

NACH AUFGABE 5

GRAMMATIK

10 Lies die SMS-Texte. Unterstreiche dann die Satzteile mit *bei* und ergänze die Regel.

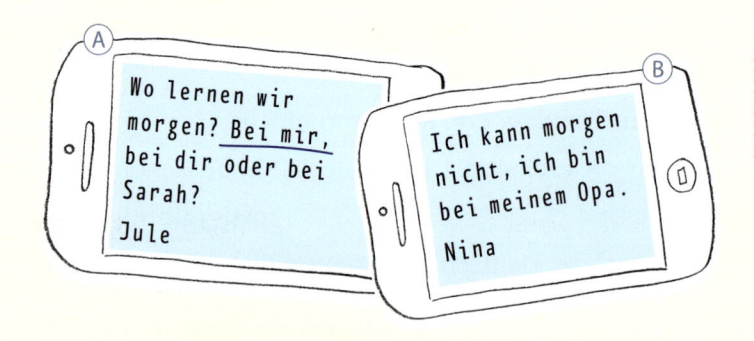

A: Wo lernen wir morgen? Bei mir, bei dir oder bei Sarah? Jule

B: Ich kann morgen nicht, ich bin bei meinem Opa. Nina

Wo?	bei _mir_ / bei _____
bei + *Dativ* (Person)	(!) bei _____
	bei mein_____ Opa

Du kennst schon die Nomen und Possessivartikel im Dativ aus Lektion 13.

11 Ergänze die Wörter in der richtigen Form.

Mein Computer ist schon wieder kaputt. Können wir morgen bei ___dir___ (1) spielen? (*du*)

Nein, bei _____ (2) nicht. (*ich*) Papa braucht den Computer.

Okay. Dann vielleicht bei _____ (3). (*Tim*)

Nein, Tim ist am Wochenende wieder bei _____ (4) in Pasing. (*seine Freunde*)

Hm, Vielleicht können wir ja bei _____ (5) spielen. (*mein Cousin*) Er hat tolle Spiele und ist super nett.

NACH AUFGABE 6

SCHREIBTRAINING

12a Lies die Fragen und die Textteile. Ordne zu.

1. Was möchtest du machen?
2. Wann ist die Party?
3. Wo ist die Party?
4. Was gibt es da? (Essen, Musik, …)
5. Wann fängt sie an?
6. Wann ist sie zu Ende?
7. Was können/müssen die Freunde mitbringen?

a) Wir fangen um … an.
b) Bring bitte … mit.
c) Bei mir zu Hause. Die Adresse ist …
d) Die Party ist am …
e) Um … machen wir Schluss.
f) Es gibt …
g) Ich mache eine Hut-Party und möchte Dich einladen.

b Was schreibst du am Anfang einer Einladung? Was schreibst du am Ende? Kreuze an.

Am Anfang:
a) Lieber Jan,
b) Guten Tag, Herr … / Frau …,
c) Liebe Claudia,
d) Viele Grüße

Am Ende:
a) Ich hoffe, du kannst kommen. Dein Max / Deine Lea
b) Viel Glück!
c) Ruf bitte an. Telefon: …. Dein … / Deine …
d) Gute Besserung!

13 Lies noch einmal die Einladung im Kursbuch (S. 53, Aufgabe **3b**).
Schreib dann selbst eine Einladung in dein Heft. Die Fragen und Textteile in **12** helfen dir.

NACH AUFGABE 7

14 Ergänze die Glückwünsche. Schreib auch die Antworten.

1. ● _____ zum Geburtstag!
   ▼ _____.

2. ● _____ Weihnachten!
   ▼ _____ !

3. ● _____ Ostern!
   ▼ _____ !

18

NACH AUFGABE 8

15 Ergänze *ohne* oder *mit*.

1. ◆ Mama trinkt den Kaffee immer _ohne_ Milch. Sie mag keine Milch.
2. ● Was ist ein Spezi? ▼ Das ist Cola .... Limonade.
3. ▲ Ich liebe Musik. .... Musik kann ich nicht leben!
4. ◆ Was kann man essen? Ich suche ein Wort .... zwei Buchstaben. ■ Ei.
5. ▲ Möchtest du nicht frühstücken? Du kannst doch nicht .... Frühstück in die Schule gehen!

NACH AUFGABE 9

GRAMMATIK

16a Finde noch fünf Partizipien.

DERMENF**GEWONNEN**TRAIMMBEKOMMENLUGANDGEGEBENZANLED FOTWEINGELADENLETRANGEFANGENSCHORENRKEVERLORENMAN

b Welche Partizipien aus 16a passen? Ordne zu und ergänze.

Infinitiv	Partizip Perfekt
geben →	
bekommen →	
gewinnen →	_gewonnen_

Infinitiv	Partizip Perfekt
einladen →	
anfangen →	
verlieren →	

17 Ergänze die passenden Partizipien aus 16.

1. ▲ Hey, wo warst du gestern? Warum bist du nicht mitgekommen? Der Film war super!
   ◆ Ich hatte ein Handball-Turnier. Es hat um fünf Uhr ....
   ▲ Und? Habt ihr .... ?
   ◆ Nein, wir haben .... Wir haben ziemlich schlecht gespielt.
   ▲ Am Samstag kommst du doch zu meiner Party, oder?
   ◆ Ja klar! Aber du hast mir deine Adresse noch nicht ....

2. ● Nicole macht am Samstag eine Party.
   ▼ Ja, ich weiß. Ich habe eine Einladung .... Hat sie dich auch .... ?
   ● Ja, ich komme auch.
   ▼ Super!

GRAMMATIK

18a Lies die Sprechblase und unterstreiche die Perfektformen wie im Beispiel.

Was <u>ist passiert</u>? Wo seid ihr gewesen? Warum seid ihr so lange geblieben?

b Ergänze die Regel.

> *Perfekt mit sein* ❗ Auch die Verben *passieren*, *sein* und *bleiben* bilden das Perfekt mit dem Hilfsverb _____.

19 Ergänze die Verben im Perfekt.

● Gestern _____ Lukas und Hektor wieder im Park _____ (1) *(sein)*. Meistens bleiben sie eine Stunde, aber gestern _____ sie viel länger _____ (2) *(bleiben)*. Lukas' Mutter war ganz sauer.

◆ Warum? Was _____ (3) *(passieren)*?

● Lukas _____ Hektor seinen Ball _____ (4) *(geben)* und dann haben sie zusammen gespielt. Aber plötzlich _____ Hektor den Ball _____ (5) *(verlieren)* und _____ immer weiter in den Park _____ (6) *(laufen)*. Lukas _____ Hektor nicht mehr _____ (7) *(sehen)*. Er _____ ihn lange _____ (8) *(suchen)*. Am Ende *hat* er ihn auch *gefunden* (9) *(finden)*.

◆ Zum Glück!

AUSSPRACHE

20 st – sp: Hör zu und sprich nach.

st →	Ang**st**	Dur**st**	Augu**st**	Herb**st**	Ob**st**	Kun**st**
s|t →	ba**s|t**eln	ko**s|t**en	lu**s|t**ig	Dien**s|t**ag	Hau**s|t**ier	Geburt**s|t**ag
st (wie scht) →	**St**rand	**St**adt	**St**raße	**St**unde	Blei**st**ift	Früh**st**ück
sp (wie schp) →	**sp**ielen	**Sp**ort	ge|**sp**rochen	**Sp**rache	**sp**ät	Schau|**sp**ieler

21 Hörst du st oder scht? Hör zu, sprich nach und kreuze an.

	st/s|t	scht			st/s|t	scht
1. Künstler	○	○	6. nächste		○	○
2. meistens	○	○	7. verstehen		○	○
3. Stadion	○	○	8. zwanzigsten		○	○
4. Poster	○	○	9. Würstchen		○	○
5. Statue	○	○	10. Samstag		○	○

22 Hör zu und sprich nach.

Ein Tag am Strand

Samstag, der erste August.
Spätes Frühstück,
Badehose in die Sporttasche und los an den Strand!
Stundenlang geschwommen und Volleyball gespielt.
Später Würstchen gegrillt, Eis gegessen, Spaß gehabt.
Echt lustig, unser Tag am Strand!

18 Lernwortschatz

Das sind deine Wörter!

Die Schule

> Erinnerst du dich noch an alle Schulfächer? *Deutsch, Mathe, Informatik, Sport, …*

die Klassenarbeit, -en

das Fach, ¨er

die Pause, -n

die Note, -n

> In Deutschland gibt es Noten von 1 ☺☺ bis 6 ☹☹.

der Fehler, -

der Schüler, -

ziemlich — Ich finde Montage ~ doof ☹.

hoffen — ■ Ich mache eine Party. Ich ~, ihr kommt!

welcher/welches/welche — ▲ ~ Fach findet Simon leicht?
● Englisch.

die Einladung, -en

der Swimmingpool, -s

das Würstchen, -

die Badehose, -n

> So beginnst du einen Brief an eine Freundin / einen Freund.

lieber/liebe — ~ Simon, … / ~ Anna, …

ein|laden

herzlich

bei — Wir feiern ~ Lukas zu Hause.

an|fangen (❗ du fängst an, er/es/sie fängt an) — Die Party ~ um 15 Uhr ~.

das Ende (nur Sg.)

der Glückwunsch, ¨e

(das) Weihnachten (nur Sg.)

(das) Ostern (nur Sg.)

das Ei, -er

Glückwünsche

Herzlichen Glückwunsch zum Geburtstag!

Frohe Weihnachten!

Frohe Ostern!

ohne — ↔ mit

gewinnen — Nina ~ das Tennisturnier.

verlieren — ↔ gewinnen

passieren — Was ist los? Was ist ~?

schenken — Was ~ dir deine Freunde ~? *(Perfekt)*

Training: Lesen

Lesen

1a Zu welcher Person passt das Feriencamp Waldhof?
Lies die Anzeige und kreuze an.

a) Nina, 17 Jahre, spielt manchmal mit ihren Freunden Volleyball im Park.
b) Paul, 13 Jahre, möchte gern Parkour lernen.
c) Lisa, 15 Jahre, möchte mit Freunden Musik machen.

FERIENCAMP WALDHOF AM BODENSEE

Du bist zwischen 10 und 15 Jahre alt und machst gern Sport? Dann ist das Feriencamp Waldhof am Bodensee genau das Richtige für dich. Sportfans können sich hier auspowern.

Zusammen in schöner Natur Sport machen, Spaß haben und Freunde finden: „Sport, Spiel und Spaß" – das ist unser Motto.

- Sportarten wie Klettern, Taekwondo, Turnen und Ballsport
- Trendsportarten wie Slackline, Geocachen, Crossgolf und Parkour
- Zimmer für 10–12 Personen
- zusammen kochen
- viel Platz in schöner Natur
- Ausflug an den Bodensee

Informationstreffen für beide Termine
für Kinder, Jugendliche und Eltern
am 23. Juni von 10.00 bis 12.00 Uhr
im Jugendzentrum, Guntherstraße 14

Termin 1	10. bis 16. August, 10-12 Jahre
Termin 2	17. bis 23. August, 13-15 Jahre
Teilnehmer/innen	20 Jungen und 20 Mädchen

Du musst nicht alle Wörter kennen. Du kannst den Text auch so verstehen. Such nur wichtige Wörter im Wörterbuch!

b Lies die Anzeige noch einmal und beantworte die Fragen.

1. Wo ist das Camp? _____
2. Wie alt muss man sein? _____
3. Was ist das Motto? _____
4. Was kann man da machen? _____
5. Wann und wo kann man mehr Informationen bekommen? _____
6. Wann ist das Camp? _____
7. Wie lange geht es? _____
8. Wie viele Kinder und Jugendliche kommen mit? _____

Training: Hören, Schreiben

Hören

2a Was passt? Hör zwei Mailbox-Nachrichten und ordne zu. Nachricht 1: ◯ Nachricht 2: ◯

A B C D

b Was ist richtig? Hör noch einmal und kreuze an.

Nachricht 1:
1. Linus ◯ hat einen Hund. ◯ möchte mit einem Hund spazieren gehen.
2. Er hat die Anzeige ◯ aus dem Supermarkt. ◯ aus der Zeitung.
3. Er hat ◯ jeden Tag ◯ zweimal die Woche Zeit.

Nachricht 2:
1. Kira macht ein Fest ◯ im Gloria-Kino. ◯ im Park.
2. Sie treffen sich um ◯ halb drei. ◯ halb vier.
3. Kira lädt ◯ zehn ◯ dreizehn Freunde ein.

> Du bist nicht sicher? Markiere die Aufgabe und hör noch einmal genau zu.

Schreiben

3a Lies den Text. Was ist das? Kreuze an. ◯ a ein Chat ◯ b eine E-Mail ◯ c ein Forum

---

Ferien zu Hause

von Lizi (13 Jahre), geschrieben am 3. Juni, 15:58 Uhr

Hallo zusammen!
Hilfe! Ich muss in den Sommerferien hier bleiben! Sechs Wochen zu Hause, ist das nicht langweilig?!? Wer kann mir ein paar Tipps geben, was man in der freien Zeit machen kann? Das kann ja auch für andere interessant sein. Danke, danke, danke!

---

b Markiere im Text: Was ist das Thema? Was möchte Lizi?

c Was möchtest du antworten?

Ferien zu Hause
- Wo? → in der Stadt / bei Oma und Opa
- Was? → ins Kino gehen / Sport machen
- Mit wem? → mit Freunden / mit Geschwistern

> Plane deinen Text, sammle Ideen und mach Notizen.

d Gib Lizi Tipps. Schreib einen Forumsbeitrag in dein Heft.

> Du erinnerst dich: Wenn du einen Tipp geben willst, kannst du den Imperativ mit *doch* oder *doch mal* verwenden.

> Nach dem Schreiben: Korrigiere deinen Text! Lies jeden Satz genau: Steht das Verb auf der richtigen Position? Ist die Verbform korrekt? Hast du alle Wörter richtig geschrieben?

Das kannst du jetzt!

Mach die Übungen. Schau dann auf S. 89 und kontrolliere.
Kreuze an: ☺ *Das kann ich sehr gut!* / 😐 *Das geht so.* / ☹ *Das muss ich noch üben.*

1 Du hast Geburtstag und möchtest einen Freund einladen. Ergänze.

● Hast du _____ Zeit? Ich _____ (Party)
Es gibt _____ (Essen)

◆ Oh, toll! Und _____
_____ Uhr fängt die Party an?

● _____
Kommst du?

◆ ☺ _____ !

Ich kann jemanden einladen, über die Zeit sprechen und Zeitangaben machen. ☺ 😐 ☹

2 Schreib in einem Forum.

> Was hast du in den Ferien gemacht?
> Wohin möchtest du nächstes Jahr fahren?

Ich kann von Vergangenem erzählen, über die Ferien und über Wünsche sprechen. ☺ 😐 ☹

3 Ein Interview zum Thema *Schule*. Ergänze die Fragen und Antworten.

▲ In w_____ Klasse gehst du? ● _____
▲ W_____ ist dein Lieblingsfach? ● _____
▲ W_____ Lehrer hast du in _____ ? ● _____
▲ W_____ oft und w_____ lange machst du Hausaufgaben? ● _____

Ich kann über die Schule und die Häufigkeit und Dauer sprechen. ☺ 😐 ☹

4 Deine Brieffreundin fragt dich, wie du wohnst. Was antwortest du? Schreib in dein Heft.

> Liebe Lotte,
> ich wohne _____
> Die Wohnung / Das Haus ist _____ und hat _____

Ich kann über meine Wohnung / mein Haus sprechen. ☺ 😐 ☹

Partnerarbeit

Kursbuch, Lektion 13, Aufgabe 5

A Frag nach den Zeiten und Informationen im Fahrplan. Sprich mit deiner Partnerin / deinem Partner und ergänze den Fahrplan.

A Wann fährt der IC 2260 in Wien ab?
B Um 8 Uhr 36.
A Wann kommst du in Stuttgart an?
B Um … Uhr …
A Musst du umsteigen?
B Nein. / Ja, in …
  Holst du mich ab?
A Ja, klar. Gute Reise!
B Danke.

	Ab	An	Umsteigen
IC[1] 2260	Wien 8:36	Stuttgart	
ICE[2] 595	Stuttgart 13:12	Wien 20:20	Salzburg, München
ICE 74	Zürich	Hannover	
IC 2371	Hannover 12:01	Zürich 19:00	Göttingen, Basel
IC 2207	Berlin	Frankfurt (M)[4]	
ICE 372	Frankfurt (M)[4] 11:13	Berlin 15:45	nein
RE[3] 57085	Augsburg	München	
RE 57044	München 20:04	Augsburg 20:46	nein

[1]Intercity | [2]Intercity-Express | [3]Regional-Express | [4]Frankfurt am Main

Kursbuch, Lektion 14, Aufgabe 7

A Wo bist du? Markiere vier Orte wie im Beispiel ((Park)).
Deine Partnerin / Dein Partner rät.

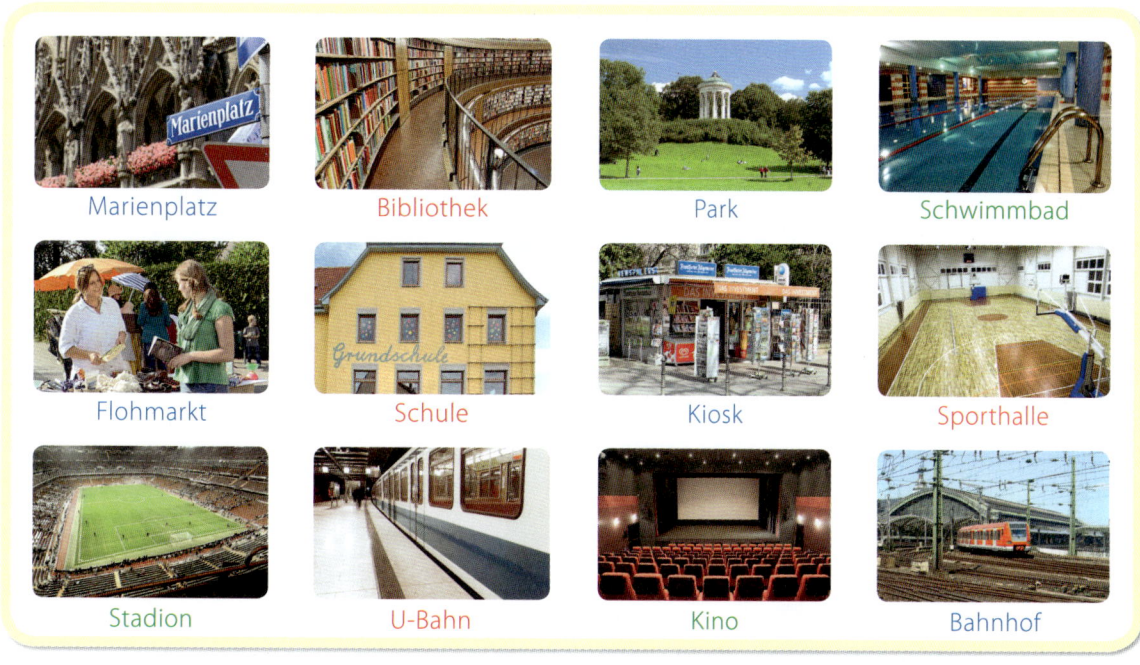

Marienplatz — Bibliothek — (Park)

Marienplatz	Bibliothek	Park	Schwimmbad
Flohmarkt	Schule	Kiosk	Sporthalle
Stadion	U-Bahn	Kino	Bahnhof

A Wo ist deine Partnerin / dein Partner? Rate und notiere die Antworten (falsch: X, richtig: ✓).
Bei „falsch" darf deine Partnerin / dein Partner dich fragen. Wer zuerst alle vier markierten Orte der Partnerin / des Partners gefunden hat, hat gewonnen.

A	B
Du bist am Bahnhof.	Richtig!
Du bist im Kino.	Falsch!

Kino X — Bahnhof  ✓ — Sporthalle

Kino	 Bahnhof	 Sporthalle	 Marienplatz
Schule	 Schwimmbad	 Bibliothek	 Kiosk
 U-Bahn	 Park	 Stadion	 Flohmarkt

neunundsiebzig **79**

Kursbuch, Lektion 16, Aufgabe 4

A Wann kommt was? Sprich mit deiner Partnerin / deinem Partner und ergänze das Programm.

A Wann kommt denn „Zwei Schwestern"?
B Das kommt um fünf vor vier.

FERNSEHPROGRAMM

Kanal eins	RTF 1	Super TV
15:55 Zwei Schwestern **FILM**	15:15 24 Stunden in Berlin **DOKU**	.... Hallo in Deutschland **NEWS**
17:10 Hier in Europa **NEWS**	.... Emil und Paul **TRICKFILM**	.... Wir Freunde **SERIE**
.... Wissen am Abend: das Auge **WISSEN**	18:05 Familie heute **TALKSHOW**	17:05 Kolumbus **HISTORY**
.... Leute von heute **PORTRÄTS**	19:15 Planet Prana **FANTASY**	19:05 Hektor – ein Hund auf Reisen **ZEICHENTRICKSERIE**
19:45 Leben in meiner Straße **TELENOVELA**	.... Tennis: German Open **LIVE**	18:50 Im Land von Dorus **FANTASY**

Kursbuch, Lektion 13, Aufgabe 5

B Frag nach den Zeiten und Informationen im Fahrplan. Sprich mit deiner Partnerin / deinem Partner und ergänze den Fahrplan.

- B Wann fährt der ICE 595 in Stuttgart ab?
- A Um 13 Uhr 12.
- B Wann kommst du in Wien an?
- A Um … Uhr …
- B Musst du umsteigen?
- A Nein. / Ja, in …
  Holst du mich ab?
- B Ja, klar. Gute Reise!
- A Danke.

	Ab	An	Umsteigen
IC[1] 2260	Wien 8:36	Stuttgart 15:04	München
ICE[2] 595	Stuttgart 13:12	Wien	
ICE 74	Zürich 10:00	Hannover 16:17	nein
IC 2371	Hannover	Zürich	
IC 2207	Berlin 13:52	Frankfurt (M)[4] 18:37	Leipzig
ICE 372	Frankfurt (M)[4]	Berlin	
RE[3] 57085	Augsburg 17:16	München 17:58	nein
RE 57044	München	Augsburg	

[1]Intercity | [2]Intercity-Express | [3]Regional-Express | [4]Frankfurt am Main

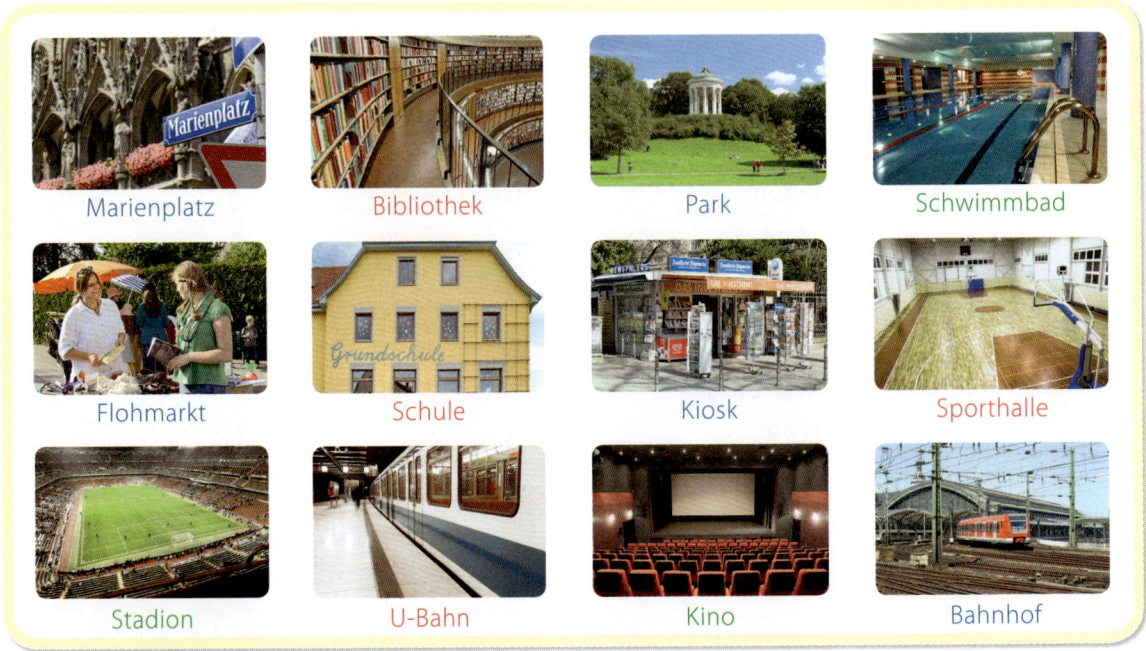

Kursbuch, Lektion 14, Aufgabe 7

B Wo bist du? Markiere vier Orte wie im Beispiel (Bahnhof).
Deine Partnerin / Dein Partner rät.

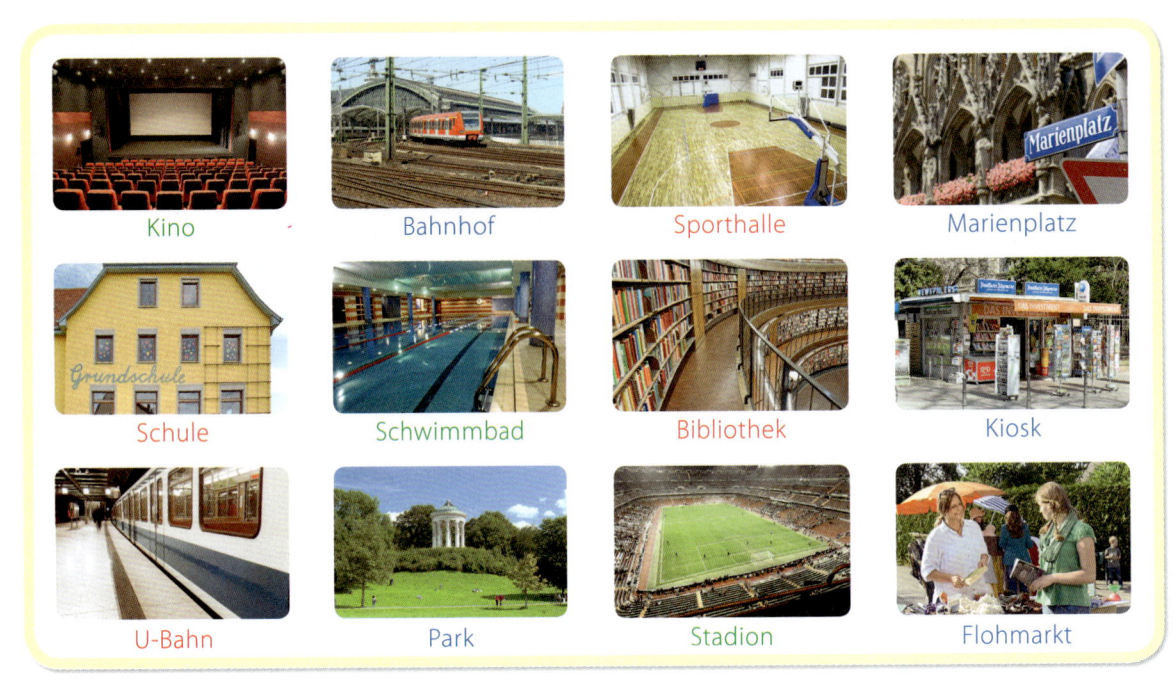

Kino – Bahnhof – Sporthalle

Kino | Bahnhof | Sporthalle | Marienplatz
Schule | Schwimmbad | Bibliothek | Kiosk
U-Bahn | Park | Stadion | Flohmarkt

B Wo ist deine Partnerin / dein Partner? Rate und notiere die Antworten (falsch: X, richtig: ✓).
Bei „falsch" darf deine Partnerin / dein Partner dich fragen. Wer zuerst alle vier markierten Orte der Partnerin / des Partners gefunden hat, hat gewonnen.

B	A
Du bist ist im Park	Richtig!
Du bist in der Bibliothek.	Falsch!

Marienplatz | Bibliothek X | Park ✓

Marienplatz | Bibliothek | Park | Schwimmbad
Flohmarkt | Schule | Kiosk | Sporthalle
Stadion | U-Bahn | Kino | Bahnhof

82 zweiundachtzig

Kursbuch, Lektion 16, Aufgabe 4

B **Wann kommt was? Sprich mit deiner Partnerin / deinem Partner und ergänze das Programm.**

B Wann kommt denn „24 Stunden in Berlin"?
A Das kommt um Viertel nach drei.

FERNSEHPROGRAMM

Kanal eins	RTF 1	Super TV
15:55 Zwei Schwestern FILM	15:15 24 Stunden in Berlin DOKU	15:40 Hallo in Deutschland NEWS
.... Hier in Europa NEWS	16:45 Emil und Paul TRICKFILM	16:20 Wir Freunde SERIE
18:20 Wissen am Abend: das Auge WISSEN	.... Familie heute TALKSHOW	.... Kolumbus HISTORY
19:00 Leute von heute PORTRÄTS	.... Planet Prana FANTASY	.... Hektor – ein Hund auf Reisen ZEICHENTRICKSERIE
.... Leben in meiner Straße TELENOVELA	20:30 Tennis: German Open LIVE	.... Im Land von Dorus FANTASY

Kursbuch, Lektion 12, Aufgabe 10

Spielt in Gruppen von 3 bis 5 Spielern „6 und 1 – autsch!".

A würfelt — Ich gehe zur Schule.

Ich bin dran!

B würfelt — Ich gehe zum Park.

Würfelst du eine 6 oder 1, darfst du einen Mitspieler zurückschicken. Er muss auf das letzte Feld zurückgehen, auf dem eine Spielfigur steht.

C würfelt — Ich gehe zur Bibliothek.

C sagt zu A: 6 und 1 – autsch! Geh zum Park.

Sieger ist, wer als Erster mit genauer Würfelzahl ins Ziel läuft. Würfelt man eine höhere Zahl, muss man stehen bleiben.

START → Bahnhof → Bus-Haltestelle → Park → Schule → Spiegelstraße → Bibliothek → Schwimmbad → Kino → Supermarkt → Café → Modellschiff-Klub → Theater → Sporthalle → Marienplatz → Kaufhaus → ZIEL

84 vierundachtzig

Kursbuch, Lektion 15, Aufgabe 6

Spielt „Schiffe versenken".

Ergänze das Blatt „Schiffe versenken". Deine Partnerin / Dein Partner darf nichts sehen.
Verwende diese Wörter:

ein Mädchen, ein Fahrrad, einen Apfelsaft, ein Piratenschiff, einen Kuli, meinen Cousin

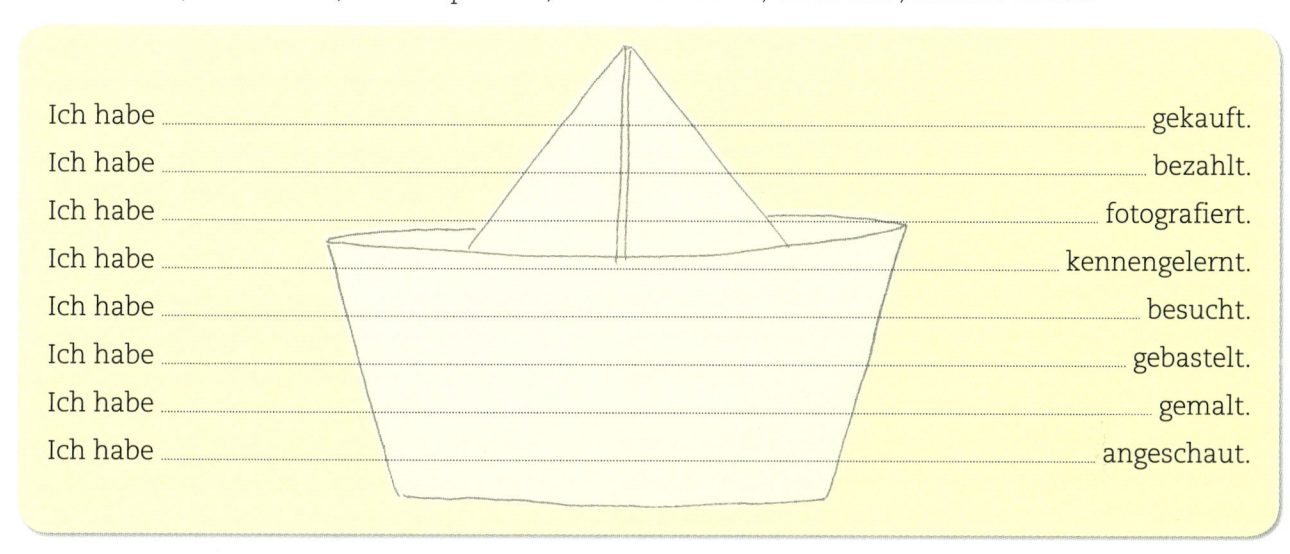

Ich habe .... gekauft.
Ich habe .... bezahlt.
Ich habe .... fotografiert.
Ich habe .... kennengelernt.
Ich habe .... besucht.
Ich habe .... gebastelt.
Ich habe .... gemalt.
Ich habe .... angeschaut.

Frag dann deine Partnerin / deinen Partner.
Bei „Nein" darf dann deine Partnerin / dein Partner dich fragen.

A Hast du einen Apfelsaft gekauft?   B Ja. Treffer!
A Hast du einen Kuli bezahlt?   B Nein.
B Hast du …?   A …

Notiere die Antwort deiner Partnerin / deines Partners wie im Beispiel
(Treffer: ☺, kein Treffer: ☹).

Treffer ☺	kein Treffer ☹	
Sie/Er hat *einen Apfelsaft*		gekauft.
Sie/Er hat	*einen Kuli*	bezahlt.

Treffer ☺	kein Treffer ☹	
Sie/Er hat		gekauft.
Sie/Er hat		bezahlt.
Sie/Er hat		fotografiert.
Sie/Er hat		kennengelernt.
Sie/Er hat		besucht.
Sie/Er hat		gebastelt.
Sie/Er hat		gemalt.
Sie/Er hat		angeschaut.

Wer zuerst alle Anworten richtig geraten hat (☺), hat gewonnen.

Unregelmäßige Verben

Infinitiv	Präsens er/es/sie	Perfekt er/es/sie	Wie heißt das Verb in deiner Sprache?
ab|fahren	fährt ab	ist abgefahren	
an|fangen	fängt an	hat angefangen	
an|kommen	kommt an	ist angekommen	
an|rufen	ruft an	hat angerufen	
auf|stehen	steht auf	ist aufgestanden	
aus|sehen	sieht aus	hat ausgesehen	
bekommen	bekommt	hat bekommen	
bleiben	bleibt	ist geblieben	
bringen	bringt	hat gebracht	
denken	denkt	hat gedacht	
ein|laden	lädt ein	hat eingeladen	
essen	isst	hat gegessen	
fahren	fährt	ist gefahren	
fern|sehen	sieht fern	hat ferngesehen	
finden	findet	hat gefunden	
fliegen	fliegt	ist geflogen	
geben	gibt	hat gegeben	
gefallen	gefällt	hat gefallen	
gehen	geht	ist gegangen	
gewinnen	gewinnt	hat gewonnen	
haben	hat	hat gehabt	
heißen	heißt	hat geheißen	
helfen	hilft	hat geholfen	
kennen	kennt	hat gekannt	
kommen	kommt	ist gekommen	
können	kann	hat gekonnt	
laufen	läuft	ist gelaufen	
lesen	liest	hat gelesen	
mit|bringen	bringt mit	hat mitgebracht	
mit|fahren	fährt mit	ist mitgefahren	
mögen	mag	hat gemocht	
müssen	muss	hat gemusst	
reiten	reitet	ist geritten	
schlafen	schläft	hat geschlafen	
schreiben	schreibt	hat geschrieben	

Unregelmäßige Verben

Infinitiv	Präsens er/es/sie	Perfekt er/es/sie

Wie heißt das Verb in deiner Sprache?

Infinitiv	Präsens	Perfekt
schwimmen	schwimmt	ist geschwommen
sehen	sieht	hat gesehen
sein	ist	ist gewesen
singen	singt	hat gesungen
sprechen	spricht	hat gesprochen
stehen	steht	ist gestanden
treffen	trifft	hat getroffen
trinken	trinkt	hat getrunken
um|steigen	steigt um	ist umgestiegen
vergessen	vergisst	hat vergessen
verlieren	verliert	hat verloren
verstehen	versteht	hat verstanden
weh|tun	tut weh	hat wehgetan
wissen	weiß	hat gewusst
wollen	will	hat gewollt

Aussprache-Tabelle

Aussprache-Variante 1

Buchstaben		Laute	Beispiele
a	a • aa • ah	[aː]	Abend • Haar • fahren
	ä • äh	[ɛː]	spät, Mädchen • erzählen
	ai	[aɪ]	Mai
	au	[au]	kaufen, Frau, laufen
	äu	[ɔy]	aufräumen
b	b • bb	[b]	bitte, bleiben • Hobby
c	c • ck	[k]	Computer • Block, Hockey
	ch	[ç]	ich, möchte, Bücher, nächster
	-chs	[ks]	sechs
d	d	[d]	Dank, Stunde, hundert, Ende
e	e • ee • eh	[eː]	Februar • Tee • sehr, zehn
	-e • -en	[ə]	bitte • hören
	ei	[ai]	Freitag, Reis, klein
	eu	[ɔy]	heute, Deutsch, neu
f	f • ff	[f]	kaufen, fahren • Schiff, treffen
g	g • gg	[g]	Geld, Tage • Reggae
	-ig	[ɪç]	richtig, zwanzig, fertig
h	h	[h]	heute, Heft, ab|holen
i	i • ie	[iː]	Kino, ihr • spielen, lieben
j	j	[j]	ja, Junge, Jacke
k	k	[k]	Kaffee, kalt, Katze
l	l • ll	[l]	lesen • allein, toll, alle
m	m • mm	[m]	Musik, Name • kommen, sammeln
n	n • nn	[n]	neu, man • können
	ng	[ŋ]	singen, Wohnung
o	o • oo • oh	[oː]	schon • doof • wohnen, ohne
	ö	[øː]	mögen, hören
p	p • pp	[p]	Prinzessin, April • Suppe
q	qu	[kv]	Quiz, Quatsch
r	r • rr	[r]	Reis • April, Gitarre
s	s • ss • ß	[s]	das • Wasser • weiß, Großeltern
	sch • s(p) • s(t)	[ʃ]	schreiben • sprechen • stehen
t	t • tt	[t]	Tante • Surfbrett
	tz	[ts]	Spitzer, Katze, Platz
u	u • uh	[uː]	Musik • Uhr
	ü • üh	[yː]	Tüte • Frühling, Frühstück
v	v	[f]	vier, Vater, viel
w	w	[v]	wer, wenig
x	x	[ks]	Saxofon, Text
y	y	[ʏ]	Ägypten
z	z • zz	[ts]	Zeit, zehn • Pizza

Aussprache-Variante 2

Buchstaben	Laute	Beispiele
ạ	[a]	wann, lang, was
ạ̈	[ɛ]	März, Ärztin, Städte
-b	[p]	Klub, ab|fahren, ab|holen
ch	[x]	Ach!, auch, kochen, acht
-d • dt	[t]	Fahrrad, bald • Stadt
ẹ	[ɛ]	gern, Schwester, lernen
-g	[k]	Tag, Mittag|essen
-h-	—	sehen, ruhig
ị	[ɪ]	ich, Kinderzimmer
j	[dʒ]	Jeans
nk	[ŋk]	Dank, trinken, Treffpunkt
ọ	[ɔ]	kochen, Sonntag
ọ̈	[œ]	können, möchten, zwölf
ph	[f]	Physik
r	[ɐ]	aber, klettern
s	[z]	Samstag, Musik
tion	[ts]	Information, international
ụ	[ʊ]	muss, Mutter
ụ̈	[ʏ]	München, Glück
v	[v]	Volleyball, November
y	[i]	Handy

Lösungen

Das kannst du jetzt – Modul 4, S. 29

Mögliche Lösungen:

1. Ich lese gern, tanze gern und treffe gern Freunde. Und ich sammle Ringe.
2. 1. Geh doch mal ins Kino und schau einen Film.   2. Geh doch mal in den Park und spiel Fußball.
3. Geh doch mal in die Bibliothek und lies Bücher.   4. Geh doch mal ins Café und triff Freunde.

3a. Nicht so gut. Ich habe Kopfschmerzen. Meine Füße tun weh.

b. Oje! / Oh, wie blöd. / Gute Besserung.

4. Gibst du mir bitte die DVD? Bringst du mir eine Cola mit?

5. Wo wohnst du? Gibst du mir deine Telefonnummer / deine Handynummer?

6. Mit dem Fahrrad. / Mit dem Bus. / Zu Fuß. ...

7. Ich finde dich nett/süß/toll/ ...

Das kannst du jetzt – Modul 5, S. 53

Mögliche Lösungen:

1. ▲ Wohin fahrt ihr? ● Nach Hamburg. ▲ ☺ Klasse! Und zu wem fahrt ihr? ● Zu meiner Cousine Susanne. ▲ ☺ Das ist ja toll! Und wann? ● Nächsten Samstag. ▲ Aha. Wie fahrt ihr denn? ● Mit dem Zug.

2. ♦ Hallo Oma! Kann ich dich nächsten Samstag besuchen? ● Wie bitte? Was möchtest du? ♦ Ich möchte dich besuchen. ● Ach so, du willst mich besuchen! ♦ Ja, der Zug fährt um 10 Uhr ab. ● Wie bitte? Was hast du gesagt? ♦ Um 10 Uhr fährt der Zug. ● Ach so. ♦ Ich muss in Nürnberg umsteigen. ● Noch einmal bitte! ♦ In Nürnberg muss ich umsteigen. Oma, holst du mich um 16 Uhr in Hannover ab? ● Na klar!

3. ● Hier, ein Geschenk für dich. ■ Für mich? Vielen Dank!

4. Hier kann man viel Sport machen, in den Park gehen und man kann ins Kino gehen.

5. Das kann ich gut ☺: Gitarre spielen, kochen, tanzen
Das kann ich nicht so gut ☹: Französisch sprechen, fotografieren, Tennis spielen

Das kannst du jetzt – Modul 6, S. 77

Mögliche Lösungen:

1. ● Hast du am Samstag Zeit? Ich mache eine Party. ● Es gibt Pizza und Eis.
♦ Oh, toll! Und um wie viel Uhr fängt die Party an? ● Um 17 Uhr. Kommst du?
♦ ☺ Ja klar, gern!

2. Ich war in Italien am Meer. Wir haben Volleyball und Fußball gespielt und sind im Meer geschwommen. Und wir haben ganz viel Pizza und Eis gegessen. Nächstes Jahr will ich in die Schweiz fahren. In der Schweiz kann man wandern, und es gibt viel Schokolade ☺.

Lösungen

3 ▲ In welche Klasse gehst du? ● In die Klasse 7b. ▲ Was ist dein Lieblingsfach? ● Biologie. ▲ Welchen Lehrer hast du in Mathe? ● Herrn Müller. ▲ Wie oft und wie lange machst du Hausaufgaben? ● Jeden Tag eine Stunde.

4 Liebe Lotte, ich wohne in Hamburg. Die Wohnung ist nicht so groß und hat drei Zimmer: ein Wohnzimmer, ein Schlafzimmer und ein Kinderzimmer. Und natürlich eine Küche und ein Bad. Mein Zimmer ist nicht groß, aber ich mag es sehr gern. Schreib mir: Wie wohnst Du? Liebe Grüße Karin

Quellenverzeichnis

Cover: Martin Kreuzer, Bachern am Wörthsee
Seite 3: Kleid, Bluse, Hose, Jeans, Rock, Bikini, Schuhe, Pullover, Jacke © Thinkstock/iStockphoto; Hemd © iStockphoto/ARSELA; Geschenk © iStock/onurdongel; Konzert © iStock/miss_pj
Seite 4: Rad fahren © iStockphoto/Alyn Stafford; Fussball spielen © Thinkstock/Getty Images; Skateboard fahren © iStockphoto/Dizzo; schwimmen © Thinkstock/iStockphoto; Band © Thinkstock/Fuse
Seite 6: Kulis © Thinkstock/iStockphoto; Comics © iStockphoto/Lya_Cattel
Seite 7: A © Thinkstock/Monkey Business; B, C, D, F, G © Thinkstock/iStockphoto; E © Thinkstock/Purestock; H © iStockphoto/craftvision
Seite 10: 17a 1. Reihe von links: © Thinkstock/Zoonar; © Thinkstock/iStockphoto; © Thinkstock/Hemera; © Thinkstock/iStock; 2. Reihe von links: © Thinkstock/iStockphoto (2x); © iStockphoto/Editorial12; © iStockphoto/wdstock; Nico: Dominik Gigler, Gräfelfing
Seite 12: Modellschiff © Thinkstock/iStockphoto; Weltkugel © fotolia/ag visuell
Seite 16: Modellschiff © Thinkstock/iStockphoto
Seite 18: © PantherMedia/Silke Bartz
Seite 19: Tor © Thinkstock/iStock; Weltkugel © fotolia/ag visuell
Seite 20: Bus © fotolia/Olga D. van de Veer; Tram © fotolia/Eric Gevaert
Seite 21: Zug © fotolia/Wolfgang Jargstorff; Tram © fotolia/Eric Gevaert; Auto © PantherMedia/Jacek Tarczyński; Fahrrad © Thinkstock/iStockphoto; U-Bahn © Thinkstock/Hemera
Seite 22: 1 © Thinkstock/Pixland; 2: Florian Bachmeier, Schliersee; 3 © Thinkstock/iStockphoto; 4 © iStock/Tim Goodwin; 5, 6 © Hueber Verlag/Holger Latzel
Seite 24: Picto Mädchen © Thinkstock/iStockphoto; Fussball © Thinkstock/Hemera
Seite 26: Bus © fotolia/Olga D. van de Veer; Tram © fotolia/Eric Gevaert; Zug © fotolia/Wolfgang Jargstorff; Auto © PantherMedia/Jacek Tarczyński; U-Bahn © Thinkstock/Hemera; zu Fuß © Thinkstock/iStockphoto; Weltkugel © fotolia/ag visuell
Seite 27: Rad fahren © iStockphoto/Alyn Stafford; Fussball spielen © Thinkstock/Getty Images; Skateboard fahren © iStockphoto/Dizzo; schwimmen © Thinkstock/iStockphoto; Band © Thinkstock/Fuse; fotografieren © Thinkstock/iStockphoto
Seite 28: © Thinkstock/iStock
Seite 29: Bus © fotolia/Olga D. van de Veer; Fahrrad © Thinkstock/iStockphoto; zu Fuß © Thinkstock/iStockphoto
Seite 30: Melanie © Thinkstock/Fuse; Nico, Simon © Dominik Gigler, München
Seite 31: Granada © iStockphoto/WillSelarep; Zürich, Istanbul © Thinkstock/iStockphoto; New York © iStockphoto/vanbeets
Seite 32: © Thinkstock/iStockphoto
Seite 36: Flugzeug © fotolia/Eray; Fahne © fotolia/createur; Statue © Thinkstock/Photodisc; Uhr © iStockphoto/sandsun; Weltkugel © fotolia/ag visuell; Tasche © Olga
Seite 37: Übung 1: A, B, D, E, F, G, H © Thinkstock/iStockphoto; C © iStockphoto/ARSELA
Seite 39: Smily, Bluse, Fotos, CD © Thinkstock/iStockphoto; Kuli © iStockphoto/phant
Seite 40: © fotolia/BildPix.de
Seite 41: Schule © Thinkstock/AbleStock.com; Laufen © iStockphoto; Bushaltestelle © MHV-Archiv/Holger Latzel; Kiosk © Thinkstock/Digital Vision
Seite 43: Kleid, Bluse, Hose, Jeans, Rock, Bikini, Schuhe, Pullover, Jacke © Thinkstock/iStockphoto; Hemd © iStockphoto/ARSELA; Geschenk © iStock/onurdongel; Konzert © iStock/miss_pj; Kiosk © iStockphoto/ollo; Weltkugel © fotolia/ag visuell
Seite 46: Auto, Telefon © Thinkstock/iStockphoto
Seite 48: Simon: Dominik Gigler, Gräfelfing
Seite 49: Clipart © Thinkstock/iStockphoto
Seite 50: Weltkugel © fotolia/ag visuell; Jojo © Thinkstock/Hemera
Seite 51: 1a: A © iStock/miss_pj; B © fotolia/lightpoet; C © Thinkstock/Eyecandy Images; D © fotolia/lightpoet
Seite 52: © Thinkstock/iStockphoto
Seite 53: © Thinkstock/iStockphoto

Seite 54: A, C, D, E © Thinkstock/iStockphoto; B © Thinkstock/AbleStock.com
Seite 55: Digitaluhr, Uhr 4 © Thinkstock/iStockphoto; Wecker © iStockphoto/DSGpro; Uhr 6 © iStockphoto/carlosalvarez
Seite 57: Katze links, Hund links, Pferd Zeichnung © Thinkstock/iStockphoto; Katze rechts © Thinkstock/Hemera; Hund rechts © Thinkstock/Zoonar; Charly © Thinkstock/Comstock, reiten © iStockphoto/t-lorien
Seite 58: Mädchen © Thinkstock/Purestock; Junge Mitte © Thinkstock/Comstock; Junge rechts © Thinkstock/Lite Productions; Kätzchen © Thinkstock/Digital Vision; nasse Katze © Thinkstock/iStockphoto
Seite 59: © Thinkstock/iStock
Seite 60: Plan: Susanne Dorner, München; Mantel © Thinkstock/iStockphoto; Katze © Thinkstock/Stockbyte; Hund © fotolia/Robert Kneschke; Pferd © Thinkstock/iStock; Weltkugel © fotolia/ag visuell
Seite 61: krank sein, Picknick, Thermometer, Riesenrad © Thinkstock/iStockphoto; angeln © Thinkstock/Pixland; wandern © Thinkstock/Hemera; GPS © Thinkstock/Comstock
Seite 62: Junge © Thinkstock/iStockphoto
Seite 63: 1 © Thinkstock/Photodisc; 2 © iStockphoto/gerenme; 3 © fotolia/Andreas Fischer; 4, 6, 7 © Thinkstock/iStockphoto; 5 © Thinkstock/AbleStock.com; 8 © Thinkstock/Ingram Publishing
Seite 64: Mädchen © PantherMedia/Yuri Arcurs; Junge © Thinkstock/Lite Productions
Seite 65: Schwarzwald © iStockphoto/Sergge; Nymphenburg © PantherMedia/gary718
Seite 67: Wald © Thinkstock/Ingram Publishing; See © Thinkstock/AbleStock.com; Fluss © Thinkstock/iStockphoto; Insel © Thinkstock/iStockphoto; Meer © fotolia/Andreas Fischer; Stadt © fotolia/peresanz; Thermometer; krank, Picknick, grillen © Thinkstock/iStockphoto; GPS © Thinkstock/Comstock; Weltkugel © fotolia/ag visuell
Seite 68: 1a © Thinkstock/iStockphoto; 2a © Thinkstock/Pixland
Seite 69: © Thinkstock/Hemera
Seite 73: Übung 22 © Thinkstock/iStock
Seite 74: Würstchen, Badehose © Thinkstock/iStockphoto; Geschenk © iStock/onurdongel
Seite 75: Parkour, Slackline © Thinkstock/iStockphoto; Lagerfeuer © Thinkstock/Photodisc
Seite 76: Torte, Surfbrett © Thinkstock/iStockphoto; Hund © iStockphoto/GlobalP; Gitarre © Thinkstock/iStock; Ü3a © Thinkstock/iStockphoto
Seite 77: Strand © Thinkstock/iStockphoto; Berge © fotolia/Marcin Osadzin; See © iStockphoto/ronaldino3001
Seite 78: © Digital Wisdom
Seite 79: Marienplatz, Bibliothek, Sporthalle, Stadion, Kino © Thinkstock/iStockphoto; Park © fotolia/Clearlens; Schwimmbad © iStockphoto/Editorial12; Schule © Pitopia/Ulrike Steinbrenner; Kiosk © iStockphoto/ollo; U-Bahn, Bahnhof © Thinkstock/Hemera
Seite 80: Spree Strand, Kolumbus, Jugendliche, Tennis © Thinkstock/iStockphoto; Europakarte © fotolia/António Duarte
Seite 81: © Digital Wisdom
Seite 82: Marienplatz, Bibliothek, Sporthalle, Stadion, Kino © Thinkstock/iStockphoto; Park © fotolia/Clearlens; Schwimmbad © iStockphoto/Editorial12; Schule © Pitopia/Ulrike Steinbrenner; Kiosk © iStockphoto/ollo; U-Bahn, Bahnhof © Thinkstock/Hemera
Seite 83: Spree Strand, Kolumbus, Jugendliche, Tennis © Thinkstock/iStockphoto; Europakarte © fotolia/António Duarte
Seite 84: Bahnhof, Kaufhaus © Thinkstock/Hemera; Bushaltestelle © Hueber Verlag/Holger Latzel; Park © fotolia/Clearlens; Schule © Pitopia/Ulrike Steinbrenner; Spiegelstr. © Hueber Verlag/Julia Guess; Bibliothek, Kino, Sporthalle, Marienplatz © Thinkstock/iStockphoto; Schwimmbad © iStockphoto/Editorial12; Supermarkt: Florian Bachmeier, Schliersee; Café © Thinkstock/iStock; Theater © iStockphoto/luoman, Würfel © iStockphoto/arakonyunus

Alle übrigen Fotos: Alexander Keller, München
Zeichnungen: Monika Horstmann, Hamburg
Bildredaktion: Iciar Caso, Hueber Verlag, München